깨어짐의 은혜

찰스 스탠리의
깨어짐의 은혜

찰스 스탠리 지음 오수현 옮김

올리브북스

The Blessing of Brokenness

내가 깨어짐을 겪고 있을 때

나를 신실하게 지지해 준

애틀랜타 제일침례교회 성도들에게…

차례

01

깨어짐과 축복

깨어짐(broken)과 축복(blessed).

이 두 단어는 어울리지 않는 것 같다. 오히려 정반대인 것처럼 보인다.

우리는 깨어짐이 뜻하는 것, 즉 산산이 부서지는 것, 모든 세계가 산산조각이 나거나 폭발해서 다 흩어지는 듯한 느낌을 잘 알고 있다. 우리는 살아가면서 베개에 얼굴을 묻고 흐르는 눈물이 절대 멈추지 않을 것 같은 때를 겪는다. 깨어짐에는 종종 공허함, 즉 채워질 수 없는 허전함, 위로받을 수 없는 슬픔, 진통제를 쓸 수 없는 통증이 동반

되기도 한다.

깨어짐과 관련해서 축복이라고 느껴지는 것은 아무것도 없다. 내 인생에서 가장 고통스럽고 어려웠던 시기는 내가 깨어지고 있다고 느낄 때다. 나는 그 누구 못지않게 깨어짐의 고통, 고난과 느낌을 싫어한다. 인생에서 어떤 상황은 우리에게 고통을 주는데, 그 고통이 너무 심각해서 절대 치유되지 않을 것 같다.

그러나 깨어짐을 통해 깨달은 것 중 하나는, 깨어짐 후에 하나님의 가장 위대한 축복을 경험할 수 있다는 것이다. 칠흑같이 어둡고 폭풍이 휩쓸고 지나간 밤 후에 오는 새벽은 영광스럽다. 극한 슬픔을 겪은 후에 느끼는 기쁨은 황홀하다. 깨어짐의 결과는 축복이다.

우리가 깨어짐을 온전히 겪을 때, 하나님이 우리에게 왜 깨어짐을 허락하셨는가를 직시할 때 축복은 다가온다. 하나님이 우리 안에서 그분의 완전한 일을 행하시게 할 때, 그리고 깨어진 후에 하나님은 우리를 축복하신다.

고통을 피해 달아날 것인가, 고통에 직면할 것인가?

내부분의 사람은 깨어짐에 대한 성경의 가르침을 이해하지 못한다. 그래서 살아가면서 가장 원치 않는 일은 바로 깨어짐을 겪는 것이다. 깨어짐을 겪기보다는 피해 달아나려고 온갖 노력을 아끼지 않는다.

부유함에 대해, 병을 치유하시는 하나님에 대해, 행복을 원하시는 하나님에 대해, 너무나 많은 말씀을 들을 때 깨어짐의 메시지는 호소력이 없다. 사실 깨어짐의 메시지는 하나님의 최선을 원하는 사람들에게게만 호소력이 있을 뿐이다.

내가 이렇게 말하는 이유는, 하나님은 우리가 바라는 것을 우리에게 주시는 중이 아니라, 바라는 것을 바꾸고 계시는 중이기 때문이다. 영원히 함께 살고 싶은 사람이 되도록 하나님은 우리를 연단하시고, 우리를 빚으시고, 우리를 만들고 계신다.

하나님은 우리가 원하는 모든 것을 주시기 위해 우리를 창조하지 않으셨다. 하나님께서 원하시는 것을 행하는 마음을 갖도록 우리를 창조하셨다. 하나님은 하나님을 위해 우리를 창조하신 것이다.

내가 당신에게 "정말 당신의 인생에 대한 하나님의 최선을 원합니까?"라고 묻는다면, 당신은 "예, 물론입니다"라고 분명하게 대답할 것이다.

내가 당신에게 "당신이 태어나기도 전에 하나님이 예정하신 그 사람이 되기를 진정으로 원합니까?"라고 묻는다면, 아마도 "당연합니다!"라고 대답할 것이다.

"당신이 하나님께 전적으로 복종하는 데 필요하다면 무슨 일이든 행하셔서, 하나님이 당신에게 원하시는 모든 일과 당신에게서 이끌어내기 원하시는 모든 것을 다 이루시도록 하겠습니까?" 이 질문에 대한 당신의 대답이 무엇일지 궁금하다.

하나님의 최선을 받기 위해서는 우리의 모든 것을 기꺼이 하나님께 드려야 한다. 그렇게 할 때, 하나님의 성령이 강력하게 압도적으로 우리를 인도하셔서 오늘날 이 땅에서 주 예수 그리스도처럼 살고 행할 수 있다.

이런 모습은 쉽게 이루어지지 않는다. 하나님께 우리 자신을 온전하고 완전하게 내어드리고 있을 때도 우리는 여전히 연단되고 있다. 연단은 반복해서 수없이 많은 환경과 상황을 통해 이루어진다. 예수 그리스도를 구주로 영접하자마자 성숙한 그리스도인으로 '온전하게 완성된' 단계에 이르는 사람은 아무도 없다. 우리는 영적으로 새로운 피조물이 되지만 그리스도의 성품을 가진 사람으로 사라가야 한다. 성장은 과정이다. 좌절, 실패, 가혹한 교훈 그리고 깨어짐까지 포함되는 과정이다. 우리의 성장에는 영적 성장뿐만 아니라 마음과 감정의 새로워짐까지 포함한다.

옛 습관은 쉽게 변화되지 않는다. 우리는 옛 욕망을 마음과 생각에서 떼어버리려고 노력하지만 쉽게 떨어지지 않는다. 옛 습관은 쉽게 고쳐지지 않는다. 어떤 경우에는 옛 인간관계도 새로워지거나 재정립되어야 한다. 때로는 정말 사랑하는 사람들이 영적으로 우리가 원하는 만큼, 혹은 우리 자신이 성장하는 것만큼 빠르게 성장하지 않는 것 같다.

가장 온유하고 순종적일 때도, 자기 자신을 온전하게 다 알 수 없어서, 자신의 죄가 어느 정도인지 전혀 알 수 없고 고통받는다. 여러 가지 면에서 우리는 자신의 어두운 면을 보지 못한다. 모든 죄를 회개했다고 생각할 수도 있다. 그러나 하나님의 용서해 주시는 사랑으로 깨끗해져야 한다.

그런 다음에 성령의 능력으로 변화되거나 치유받거나 새로워져야 할 우리 삶의 다른 부분을 보여 달라고 하나님께 기도해야 한다.

우리는 옛 본성이 다듬어지고, 모난 성격이 깎이고, 깨닫지 못한 재능이 드러나도록 깨어지고 있는 자기 자신을 발견한다. 이 과정은 고통스럽고 어렵다. 그런데도 깨어짐은 좋은 것이다.

깨어짐은 어떻게 해서라도 멀리하거나 피해야 하는 것이 아니다. 믿음을 가지고 직면해야 한다. 진심으로 하나님께서 계획하신 모습이 되고 싶다면, 하나님이 원하시는 모습으로 회복되고 싶다면, 깨어짐의 시간 동안 하나님께 복종하고, 지금 겪고 있는 것을 왜 겪어야 하는지, 이 상황에서 우리가 무엇을 배워야 하는지를 하나님께서 보여 주시도록 기도해야 한다.

온전한 그릇

하루는 하나님이 예레미야 선지자에게 말씀하셨다.

너는 일어나 토기장이의 집으로 내려가라 내가 거기에서
내 말을 네게 들려 주리라 하시기로 내가 토기장이의 집
으로 내려가서 본즉 그가 녹로로 일을 하는데 진흙으로
만든 그릇이 토기장이의 손에서 터지매 그가 그것으로 자
기 의견에 좋은 대로 다른 그릇을 만들더라 그 때에 여호
와의 말씀이 내게 임하니라 이르시되 여호와의 말씀이니
라 이스라엘 족속아 이 토기장이가 하는 것 같이 내가 능
히 너희에게 행하지 못하겠느냐 이스라엘 족속아 진흙이
토기장이의 손에 있음 같이 너희가 내 손에 있느니라

렘 18:2-6

토기장이가 녹로에서 일하는 것을 본 적이 있는가? 토
기장이 손에 의해 진흙을 위로 움직이는 대로 그릇은 모
양을 갖추어 간다. 하지만 그릇이 토기장이의 인정을 받
지 못하면(모양에 흠이 있거나 진흙에 기포가 있으면), 진흙은 녹
로 위에서 뭉개지고 다시 빚어진다. 토기장이의 목적은 작
품을 망가뜨리는 것이 아니라, 완전한 작품을 만드는 것이
다. 더 아름답고, 더 기능적인 그릇을 만드는 것이다.

마찬가지로, 하나님은 우리 삶에서 일하고 계신다. 하

나님이 원하시는 모습으로 우리를 빚으시고 만드신다. 이 것은 우리가 하나님께 영광을 돌리고, 하나님 나라를 세우는 일에 최대한 쓰임 받기 위해서다.

당신은 어떤 존재가 되고 싶은가? 당신의 제한된 마음과 부족한 창조성, 능력과 지혜를 기초로 자신이 디자인한 그릇, 즉 제한된 쓰임새와 일시적 가치가 있는 그릇이 되고 싶은가? 아니면 하나님의 무한한 지혜와 사랑, 능력을 기초로 한 하나님이 디자인한 그릇, 즉 무한한 쓰임새와 영원하고 측량할 수 없는 가치가 있는 그릇이 되고 싶은가?

하나님이 만들어주시는 것을 선택한다면, 반드시 깨어짐을 받아들이고 하나님의 뜻대로 우리를 다시 만드시고 새롭게 하실 수 있도록 내어드려야 한다. 그것이 고통과 고난, 시련을 의미할지라도 그렇게 해야 한다.

깨어짐은 위대한 축복으로 가는 길이다. 하지만 하나님이 깨어짐을 행하시고 축복을 계획하시도록 우리 자신을 내어드릴 때만 가능하다.

02

하나님은 우리의 최선을 원하신다

비극적인 사건이 일어나거나 힘겨운 일이 우리를 에워쌀 때마다 우리는 "하나님은 어디에 계십니까?"라고 묻는다.

우리의 질문은 하나님은 우리에게 무슨 일이 일어날지 틀림없이 모르셨고, 만약 알고 계셨다면 그 일을 막아주셨을 것이라고 가정한다. 아니면 하나님이 우리를 사랑하지 않는 것이 틀림없다고 생각한다. 하나님이 우리를 사랑한다면, 분명히 모든 고통과 힘든 일을 겪지 않게 하실 것이다.

이 가정은 모두 틀렸다. 하나님은 잘 알고 계신다. 그리고 우리를 사랑하신다.

내 종을 주의하여 보라

어려운 시기를 겪거나 내적인 큰 고통과 혼란을 느낄 때, 우리는 대개 그 책임을 떠넘기려고 한다. 두 가지 중 하나다.

"사탄이 이렇게 만들었어." "하나님이 이렇게 하셨어."

가장 가능성 있는 것은 이것이다.

"사탄이 이렇게 만들었고, 하나님이 허락하셨다."

욥의 이야기를 살펴보자.

성경은 욥에 대해서 "온전하고 정직하여 하나님을 경외하며 악에서 떠난 자"(욥 1:1)라고 설명한다. 사탄이 하나님 앞에 왔고, 하나님이 그에게 "네가 내 종 욥을 주의하여 보았느냐 그와 같은 사람이…세상에 없느니라"(욥 1:8)고 말씀하셨다.

사탄은 "욥이 어찌 까닭 없이 하나님을 경외하리이까 주께서 그와 그의 집과 그의 모든 소유물을 울타리로 두르심 때문이 아니니이까 주께서 그의 손으로 하는 바를 복 되게 하사 그의 소유물이 땅에 넘치게 하셨음이니이다"(욥 1:9, 10)라고 대답했다.

그 후 하나님은 사탄에게 욥의 몸에는 손대지 말고 재산 은 해할 수 있도록 허락하셨다. 욥의 모든 양 떼와 소 떼, 그의 종들이 다 죽었을 뿐만 아니라, 사탄은 욥의 아들과 딸 들을 모두 죽게 했다. 욥은 "내가 모태에서 알몸으로 나 왔사온즉 또한 알몸이 그리로 돌아가올지라 주신 이도 여 호와시요 거두신 이도 여호와시오니 여호와의 이름이 찬 송을 받으실지니이다"(욥 1:21)라고 말했다. 욥은 이 모든 비극적인 사건으로 하나님을 탓하지 않았다.

사탄이 다시 하나님 앞에 왔을 때, 하나님은 "네가 내 종 욥을 주의하여 보았느냐…그가 여전히 자기의 온전함 을 굳게 지켰느니라"(욥 2:3)고 말씀하셨다.

사탄은 "사람이 그의 모든 소유물로 자기의 생명을 바 꾸올지라 이제 주의 손을 펴서 그의 뼈와 살을 치소서 그 리하시면 틀림없이 주를 향하여 욕하지 않겠나이까"(욥 2:4, 5)라고 말한다. 그때 하나님은 사탄에게 욥을 상하게 하도록 허락하셨다. 하지만 욥의 생명은 해하지 말라고 명하셨다. 사탄은 욥의 몸에 발바닥부터 정수리까지 고통스러운 종기가 나게 했다. 욥은 극심한 고통을 겪게 되었다.

욥의 아내는 욥에게 하나님을 저주하고 죽으라고 말했다. 욥의 친구들은 여러 가지로 정죄하면서 욥을 괴롭혔다. 욥은 하나님께 "주께서는 못 하실 일이 없사오며 무슨 계획이든지 못 이루실 것이 없는 줄 아오니"(욥 42:2)라고 고백한다.

하나님은 욥이 고난 겪는 것을 분명히 아셨다. 하나님은 그분만의 이유로 그 일이 일어나도록 허락하셨다. 욥이 고통을 겪고 가진 것을 모두 잃는 동안, 하나님은 절대 한순간도 욥을 버리지 않으셨다. 하나님은 각 단계에서 욥이 어떻게 고난받고 있는지를 아셨다. 하나님은 욥이 어떻게 단련되는지 알고 계셨다.

우리가 깨어지고 있을 때 우리에게 주신 좋은 소식은 이것이다. 하나님은 우리 삶의 시작과 끝을 보고 계신다. 우리를 위해 좋은 미래를 계획하고 계신다. 이 땅에서는 우리가 온전하게 경험하지 못할 수도 있는 미래다.

욥이 친구들을 위해 기도하고 하나님께 요구할 것이 없다고 선언했을 때, 하나님이 자신에게 완전한 복종을 요구할 권리를 가진 분임을 인정했을 때, 하나님은 욥을 다시 부유하게 하셨다. 하나님은 이전 소유보다 두 배로 주셨다. 더 많은 양 떼, 더 많은 자녀, 그의 형제자매들과 그를 알고 있는 모든 사람의 위로와 위안을 받게 하셨다. 그리고 욥은 나이 들도록 건강하게 살았다.

우리가 무슨 일을 겪든지, 우리가 어떻게 깨어지든지 간에 우리를 향한 하나님의 선한 목적이 있다. 깨어짐은 그 자체가 목적이 아니다. 훨씬 더 영광스러운 새로운 시작으로 가는 길이며 과정이다. 그렇다. 하나님은 알고 계신다. 그리고 우리를 사랑하신다.

하나님은 언제나 사랑으로 행하신다

우리 삶에서 하나님이 하시는 모든 일, 하나님이 우리 삶에 허락하시는 모든 일에 있는 하나님의 동기는 사랑이다.

하나님이 무자비하고, 잔인하고, 냉혹하고, 동정심이 없어서 우리 삶에 깨어짐을 허락하시는 것이 아니다. 오히려 그 반대다. 하나님은 우리 삶의 모든 가능성을 알고 계시며, 우리와의 친밀한, 서로 사랑하는 영적 관계를 간절히 원하신다. 하나님은 우리의 최선을 이끌어내기 원하신다. 그리고 우리가 하나님의 사랑, 지혜, 능력, 강함, 선함을 온전하게 다 경험하기 원하신다. 하나님은 축복을 이끌어내려고 우리 삶에 깨어짐을 허락하신다.

하나님은 절대로 노여움이나 분노 때문에 우리를 깨뜨리지 않는다. 그보다는 우리를 너무나 사랑하셔서, 우리가 계속해서 죄 가운데 행하고, 영적으로 미지근한 상태에 머물러 있고, 우리 삶에서 하나님의 목적을 이루지 않고 살아가는 모습을 보실 수 없어서 개입하시는 것이다. 우리를 너무나 사랑하신 하나님은 우리가 이 모습 이대로 사는 것을 원하지 않으신다. 하나님은 사랑 때문에 우리가 변화되고, 성장하고, 영적으로 성숙해지고, 영과 혼과 몸이 온전해지도록 행하신다. 하나님은 우리를 너무나 사랑해서, 우리와 매우 가깝고 친밀한 영적 관계를 맺기 원하신다. 이 관계는 우리가 하나님께 불순종하거나 반항하면 결코 맺을 수 없다. 하나님은 우리 삶에서 죄를 제거하기 원하신다. 하나님은 초자연적 사역인 거룩하고 능력 있게 섬기는 일에 우리를 사용하기 원하신다.

하나님의 사랑 때문에 우리를 훈련하고 단련하신다. 그리고 이 땅에서 그분의 목적을 위해 우리를 깨끗하게 하신다.

체벌 vs 형벌

형벌이 깨어짐과 혼동될 때가 있다. 우리는 이 문제를 분명하게 해야 한다. 체벌과 형벌은 서로 다른 것이다.

형벌은 불신자에게만 주어진다. 형벌은 죄를 지은 인간이 하나님의 분노를 면할 수 있는 오직 한 가지 방법으로 구주를 거절한 사람들을 향한 하나님 분노의 표현이다. 하나님은 그분의 거룩함과 순결함 때문에, 죄가 있는 어떤 곳이든, 어떤 사람이든, 빠르게 죄를 대적하실 수밖에 없다. 마치 밝은 빛이 빠르게 들어가서 어두운 방을 밝히는 것과 같다. 하나님은 죄를 묵인하실 수 없다. 하나님은 그분 앞에서 죄를 완전히 소멸하셔야 한다.

불신자는 예수 그리스도의 보혈을 거부하고, 그리스도가 십자가에서 죽으심으로 자신의 죄와 하나님의 거룩함 사이에 장벽이 없어진 것을 부인한다. 불신자는 아주 무섭고 끔찍한 자리, 즉 하나님의 분노에 전적으로 노출된 자리에 있다.

체벌은 그리스도인을 훈련하시는 하나님의 방법이다. 하나님의 목적은 그리스도인이 그리스도를 온전히 닮아가도록 성장하지 못하게 만드는 습관, 태도, 신념을 직시하게 하고 제거하고 변화시키는 것이다. 체벌은 하나님이 우리를 온전하고 영적으로 성숙하게 하시는 데 사용하시는 훈련 도구다. 성령의 인도에서 초자연적 사역을 할 수 있도록 우리를 준비시키는 하나님의 방법이다.

형벌은 하나님의 분노에서 비롯된다. 최종 결과는 하나님으로부터 분리되고, 제거되고, 완전히 소외되는 것이다. 예를 들어, 하나님은 하나님을 경멸한 죄로 고라를 따르는 사람들에게 벌을 내리셨다. 땅이 갈라져 그들과 그들의 가족을 모두 삼켰고, 하나님은 이것을 이스라엘 민족에게 증거로 삼으셨다(민수기 16장을 보라).

체벌은 하나님의 사랑에서 비롯된다. 최종 결과는 변화와 성장, 발전이다. 하나님은 모세를 비난한 미리암에게 잘못을 가르쳐 주시기 위해 나병에 걸리게 했다가 회복시켜 주셨다(민수기 12장을 보라).

우리를 사랑하시는 하나님은 우리가 하나님의 성품을

드러내고, 오늘날 이 땅에서 정말로 그리스도의 몸이 되기를 원하신다. 체벌은 연단의 방법이다. 마치 철에서 찌꺼기와 불순물을 제거하는 것처럼, 우리가 온전해지는 데 방해가 되는 죄와 허물을 제거하신다. 선지자들은 하나님이 사랑으로 연단하시는 것을 금과 은을 연단하고 정결하게 하는 것에 비유한다(사 48:10, 말 3:3, 슥 13:9).

하나님은 우리 영혼이 상하는 것을 원하지 않는다

하나님의 목적은 우리 영혼을 상하게 하는 것이 아니다. 상한 영혼을 가진 사람은 온전하지도 않고 영적으로 성장하지도 않는다. 하나님은 상한 영혼을 가진 사람에게 초자연적 사역을 맡기실 수 없다.

하나님의 목적은 우리 영혼을 상하게 하는 것이 아니라, 우리 의지의 완악함을 깨뜨리는 것이다. 하나님은 우리 삶에 그분의 뜻을 이루시려고 그렇게 하신다. 하나님의 뜻은 항상 우리의 유익과 축복을 위한 것이다.

모든 부모는 자녀들이 '내가 먼저'라는 자기중심적인 고집을 가지고 태어난다는 것을 알고 있다. "내 것이야!"와

"싫어!"는 어린아이들이 제일 처음 배우고 자주 사용하는 말이다. 이 말은 모두 어린아이의 자기중심적인 교만과 자기 삶을 주도하려는 욕심에 근거한다.

좋은 부모는 어린아이가 부모에게 순종할 뿐만 아니라 하나님의 권위를 포함한 모든 권위에 순종하기 위해서는 고집과 교만한 성향이 깨어져야 한다는 것을 알고 있다. 어린아이의 고집을 깨뜨리는 것은 영혼을 상하게 하는 것이 아니다. 어린아이가 명철하고, 지혜롭고, 법을 지키고, 관대하고 사랑스러운 배우자, 친구, 부모, 시민, 그리스도 몸의 지체로 성장하도록 도와주려는 것이다.

고집스럽고 교만한 성격에 방치된 어린아이는 비열하고, 성미가 까다롭고, 때로는 병적으로 죄를 짓고, 사랑을 주고받는 능력을 갖추지 못한 어른이 될 수 있다. 또한 기쁨과 희망, 만족을 느끼지 못하는 어른으로 성장할 수 있다.

부모가 아이의 고집과 교만과 제멋대로 하는 불순종을 깨는 것처럼, 하나님은 사랑스럽고 관대하고 그리스도를 닮은 사람으로 성장하지 못하게 하는, 우리 안에 있는 교만과 불순종을 깨뜨리신다.

하나님은 우리를 고통스럽게 하는 것을 기뻐하지 않는다

우리 영혼을 상하게 하는 것이 하나님의 뜻이 아닌 것처럼, 우리를 고통스럽게 하는 것도 하나님의 목적이 아니다. 고통과 고난이 하나님이 우리에게 바라시는 궁극적인 결과일까? 아니다. 하나님이 우리에게 고통스러운 환경과 상황을 허락하거나 일으키실 수도 있다. 그러나 이러한 환경과 상황은 우리가 하나님께 온전히 복종할 수 있도록 하나님이 사용하시는 도구다.

다음 질문은 이것이다. 그리스도인은 정말 피해자인가? 때로는 그렇다. 그리스도인인 우리는 다른 사람들이 육체적으로 우리에게 해를 입히거나 감정적으로 상처 주는 정도까지만 피해자다. 그러나 몇 가지 이유로 하나님이 우리 삶에 고통스러운 경험을 허락하신다는 것을 알아야 한다.

자신을 피해자로 생각하면 우리는 과거에 살면서 고통 때문에 몸부림치게 된다. 우리를 위해 (하나님만 알고 계실) 특별한 미래와 사역을 준비하시는 하나님의 사랑을 받는 자로 자신을 생각한다면, 우리는 과거의 고통을 견디고 앞으로 나아갈 힘을 갖게 된다.

하나님은 주권자다. 하나님은 멈추기 원하시는 것은 무엇이든 멈추게 하실 수 있다. 하지만 인간의 뜻을 무시하지 않으실 것이다. 우리와 가까운 사람들이 악한 것에 노출된다면, 우리는 그들의 악행 때문에 고통을 겪을 수 있다. 예를 들어, 한 사람이 알코올 중독이 된다면, 그의 아내와 자녀들이 그의 분노와 태만 때문에 고통받게 될 것이다. 하나님은 이것을 아신다. 하나님은 우리를 사랑하시고, 우리의 삶에서 영원히 이러한 상황을 회복시켜 주실 능력이 있다.

어린아이였을 때, 나는 부당함이나 학대로 생각할 수 있는 수많은 일로 고통받았다. 아버지는 내가 생후 9개월 때 돌아가셨다. 어머니는 일하셔야 했고 나는 대부분 시간을 혼자 보냈다. 나중에 어머니가 다른 남자와 재혼을 하셨는데, 그는 정신적·육체적으로 나와 어머니를 학대했다. 그런데도 나 자신을 피해자라고 느낀 적은 한 번도 없었다. 그보다는 내가 하나님의 사랑받는 자녀라는 사실을 믿기로 선택했다. 하나님은 궁극적으로 내게 유익한 무엇인가를 내 삶에서 계획하고 계신다. 나쁜 일이 일어나도록 허락하시는 데는 하나님의 목적이 있다. 그리고 하나님의 목적은 내 삶뿐만 아니라 내가 영향을 미치거나 도움을 줄수 있는 사람들의 삶에까지 뻗어 나간다.

로마서 8장 28절을 진리로 믿는다면, 이 말씀이 우리 삶의 모든 상황에 적용된다고 믿어야 한다.

"우리가 알거니와 하나님을 사랑하는 자 곧 그의 뜻대로 부르심을 입은 자들에게는 모든 것이 합력하여 선을 이루느니라."

우리는 삶에서 최악의, 가장 비참한 경험조차도 생산적이고, 유익하고, 긍정적인 무엇인가로 바꿀 수 있는 하나님의 능력을 절대로 제한하지 말아야 한다. 나의 어린 시절을 되돌아볼 때, 외롭고 상처받고 불안한 사람들을 대상으로 지금 내가 효과적으로 사역하는 데 도움이 되도록 하나님이 나의 외로움, 고통, 불안의 경험을 어떻게 사용하셨는지 알 수 있다. 나는 이들을 위한 분명한 메시지를 가지고 있다.

"내가 고난을 극복하도록 도우신 하나님은 당신도 그고난을 극복하게 하실 수 있습니다. 내 상처를 치유하시고나를 온전하게 하신 하나님은 당신의 상처도 치유하시고온전하게 하실 수 있습니다."

어린 시절의 경험 덕분에 나는 어떤 면에서는 강인해져서 인생의 어려운 문제를 잘 해결해 나간다. 그리고 또 다른 면에서는 더 온유해져서 고통받는 사람들에게 더 큰 연민을 느끼게 되었다. 당시에는 상처받았고 그 경험에 대한 기억은 고통스럽지만, 나는 어린 시절의 경험을 인생의 축복으로 여길 수 있게 되었다. 그 경험은 나와 다른 사람들의 유익이라는 결과를 낳게 한 힘든 수업이었다.

최근에 한 청년이 교도소에서 석방된 뒤에 '인 터치 미니스트리(In Touch Ministries)'에 편지를 보내왔다. 그는 십대 때 마약 관련 범죄로 유죄를 선고받았다. 청년은 교도소에 있는 동안 영적으로 거듭나서 지금은 십대들에게 또래의 사회적 압력에 굴복하는 것, 특히 마약과 관련된 행동의 위험성을 전하고 있다. 그는 자신의 과거 행동에 대해 부모님, 이웃, 불우했던 환경을 탓하지 않는다. 자신의 행동에 대한 책임을 인정하고, 다른 사람들을 도울 수 있는 길을 찾으려고 애쓰고 있다. 그는 편지에 이렇게 썼다.

나는 하나님이 어떤 계획을 가지고 계신지 알 수 있습니다. 마약을 하고 죄를 지었을 때도 하나님은 나를 버리지 않았습니다. 하나님은 내가 체포되어 유죄 선고를 받게 했습니다. 하나님이 그렇게 하지 않았다면, 아마도 오래진에 길거리에서 죽었을 것입니다. 교도소에 있는 동안 하나님은 나와 함께하셨습니다. 하나님은 그리스도를 전해 줄 사람을 보내 주셨습니다. 출소 후에는 교회로 인도해 주셨습니다. 그리고 다른 사람들에게 그리스도에 대해, 십대들이 받게 되는 압력을 견딜 방법을 전할 수 있도록 인도하셨습니다.

우리 고통의 원인과는 상관없이 하나님은 알고 계시며, 하나님은 사랑하시며, 하나님은 일하고 계신다는 것을 인정해야 한다. 우리에게 일어난 일에 대해 우리는 책임이 없을 수도 있다. 그러나 그에 대한 우리의 반응에는 책임이 있다. 우리는 자신에게 질문해야 한다.

"이 고통을 어떻게 극복할 수 있을까? 이 고통에서 어떻게 영적 유익이나 도움을 얻을 수 있을까?"

전에 한 남자가 나에게 이런 말을 했다. "한 여자와 교제를 시작했고 그녀가 많이 좋아지기 시작했습니다. 지난주에 그녀가 '우리가 더 가까워지기 전에 알아야 할 것이 있습니다. 나는 성폭행당한 적이 있어요'라고 말했습니다."

나는 그에게 말했다. "관계가 더 깊어지기 전에, 여자분이 기독교 상담을 받을 수 있도록 도와주십시오. 과거의 경험을 어떻게 다루어야 하는지 배우게 하십시오. 그렇지 않으면 감당할 수 없는 상황에 빠지게 될 것입니다."

그는 나의 충고를 받아들였다. 그녀는 자신이 피해자라는 생각을 떨쳐버리는 일이 매우 힘들었다. 그녀는 자신이 어느 정도 피해자라는 생각에 빠져 있었고, 자신에게 일어난 일 때문에 다른 사람들에게 동정받는 것을 즐기기조차 했다. 아직도 과거 속에서 살고 있었다. 그녀의 과거가 현재와 미래까지 그늘지게 했다. 성폭행당한 경험이 그녀의 정체성을 결정하고 있었던 것이다.

과거의 어떤 경험, 즉 구원이 아닌 다른 경험이 현재의 당신을 규정하고 있다면, 진지하게 해야 할 일이 있다. 당신은 자신을 하나님의 사랑으로 구원받고 치유받은 사람으로 여기기보다는, 여전히 피해자로 여기고 있을 가능성이 크다. 자신을 피해자로 생각하는 한, 하나님이 주시는 온전함을 받아들일 수 없다.

결국 이 여자는 이렇게 고백했다. "앞으로 나아가는 삶을 살겠습니다. 하나님의 도움으로 아픔을 통과할 수 있는 길을 찾았고 이제는 다시 온전해질 수 있습니다."

무슨 일이 일어나고 있는지 정말 알고 있는가?

"나에게 일어나는 일을 하나님은 알고 계실까?" "하나님은 내가 겪는 고통에 관심이 있을까?" 이보다 다음의 질문은 훨씬 뜻깊고 도움이 되는 것으로 우리 자신에게 해야 할 질문이다.

- 나는 나에게 일어나는 일을 알고 있는가?
- 내 삶에서 하나님이 하시고자 하는 일에 관심이 있는가?

하나님은 우리 삶에서 하나님이 하시는 일을 아시는데, 우리는 우리의 삶에서 하나님이 하시는 일을 알고 있는가? 우리는 그분이 하시는 일을 깨닫고 있는가?

때로는 나중에 깨닫기도 하는데, 과거를 좀 더 명확하게 인식하게 된다. 내 삶을 뒤돌아볼 때, 하나님이 나를 어떻게 변화시키셨는지 분명하게 알 수 있다. 나는 깨어지고, 부서지고, 매 맞고, 산산이 조각나고, 가지 쳐지고 조각칼로 다듬어졌다. 나는 다른 누구보다도 깨어짐의 느낌이 싫었다. 그러나 이렇게 말할 수 있다. 나는 하나님이 하신 일로 인해 하나님께 감사한다. 조각칼로 인한 모든 아픔, 망치로 인한 모든 아픔, 칼로 인한 모든 아픔, 나의 속사람이 느낀 날카로운 아픔, 모든 눈물, 모든 고통, 모든 상처, 모든 실망, 모든 환멸, 모든 좌절의 순간은, 하나님이 나의 모든 것을 소유하신다는 것을 마음으로 깨닫는데 충분히 가치 있는 것들이었다.

깨어짐의 결과로 당신의 삶에서 하나님이 하시려는 일이 무엇인지, 하나님이 당신을 위해, 당신 안에서, 당신을 통해서 하고자 하는 일이 무엇인지 보여 달라고 기도하라.

당신의 깨어짐을 당신 안에서 행하시는 하나님의 위대한 일이라는 관점에서 바라보라.

내가 당신에게 "당신을 위한 하나님의 최선을 영원히 놓치는 것이라고 해도 계속해서 붙들고 싶은 것은 무엇입니까?"라고 질문하면, 대답할 수 있을지 모르겠다. 이 세상에 영원한 하나님의 최선과 맞바꾸면서까지 붙잡거나 매달릴 만큼 가치 있는 것은 없다. 당신의 삶을 위한 하나님의 위대한 계획과 그 가치를 비교할 수 있는 것은 아무 것도 없다.

03

우리는 왜 깨어져야 하는가

예전에 한 청년이 내게 말했다.

"목사님, 나는 2년 전에 그리스도인이 되었습니다. 지금 내 삶이 얼마나 달라졌는지 다 말씀드리지 못할 정도입니다. 지난주 금요일 밤 기도 모임에 갔는데 이런 생각이 들었습니다. '2년 전에 내가 금요일 밤 기도 모임에 가서 하나님을 찬양하고, 하나님에 대한 노래를 부르고, 이 모든 시간을 좋아할 거라고 이야기한 사람이 있었다면, 나는 아마 그 사람에게 미쳤다고 말했을 거야.'"

그런 다음에 매우 진지하고 생각에 잠긴 어조로 말했다.

"가끔 나는 하나님께 오기 전에 그런 끔찍한 경험을 겪어야 했는지 궁금할 때가 있습니다. 나는 알코올 중독이었습니다. 나는 사람을 사랑하고 사물을 이용하는 것이 아니라, 사물을 사랑하고 사람을 이용했습니다. 법을 지키지 않았고, 두 사람이나 죽일 뻔했습니다. 술에 취해서 운전하다가 사고를 냈기 때문입니다. 하나님이 나를 더 빨리 구원해 주셨다면 좋았을 텐데요."

나는 그에게 말했다.

"아마 당신이 온전히 살기 위해서는 당신 안에 있는 무엇인가가 죽어야 했을 것입니다."

그는 잠시 생각에 잠겼다.

"목사님 말씀이 맞습니다. 나는 2년 반 전에는 소위 '즐거운 인생'을 포기할 준비가 되어 있지 않았습니다. 그때까지만 해도 잘살고 있다고 생각했습니다. 지금에서야 얼마나 끔찍한 삶을 살았는지 알았습니다."

하나님이 창조하신 모습으로 살기 위해서는 우리의 계획과 의지가 삶을 주도하거나 그렇게 살려는 욕구에 대해서 먼저 죽어야 한다.

생명이 시작되기 전에 먼저 무엇인가 죽어야 한다

요한복음 12장 24, 25절은 깨어짐에 대한 중요한 성경 말씀이다. 예수님은 십자가 죽음과 부활에 대해 제자들을 준비시키면서 말씀하셨다.

"내가 진실로 진실로 너희에게 이르노니 한 알의 밀이 땅에 떨어져 죽지 아니하면 한 알 그대로 있고 죽으면 많은 열매를 맺느니라"(요 12:24).

한 알의 밀을 손에 쥐고 있는 한, 당신에게는 그 한 알만 있을 뿐이다. 그 한 알을 헛간 바닥에 놓아둘 수도 있고, 창틀에 놓아둘 수도 있고, 아니면 유리 천장 밑에 놓아두고 영원히 그곳에 둘 수 있다. 하지만 여전히 한 알의 씨앗으로만 남아 있을 것이다. 그 씨앗에서는 아무것도 나오지 않을 것이다. 결국에는 썩어서 먼지가 될 것이다.

그 씨앗을 땅에 심고 흙으로 덮어두면, 죽게 놓아둔 것이다. 하지만 거기에는 생명을 재생산하려는 목적이 있다. 흙의 성분, 태양의 열기, 땅의 습도가 씨앗의 껍질에 영향을 미칠 것이다. 머지않아 껍질이 깨어지고, 작은 녹색의 새싹이 흙을 뚫고 올라오기 시작한다. 결국에는 햇빛 속으로 뚫고 올라온다. 뿌리는 아래로 자라기 시작하고, 묘목은 토양에 뿌리내린다. 씨앗에서 줄기가 자라면서 씨앗 자체는 사라진다. 그리고 옥수수나 밀 이삭을 맺는다. 옥수수나 밀 이삭에는 수십 개의 낟알이 들어 있다. 그 낟알에는 또다시 그 작물로 성장할 수 있는 능력이 있다.

한 알의 밀을 가지고 나중에는 백만 에이커에 심을 수 있는 사람도 있다. 그가 한 일은 한 알의 열매를 다시 심은 것뿐이다. 그다음에 낟알들의 열매를 다시 심고, 계속 그렇게 반복한 것이다.

예수님은 낟알이 그대로 있는 한, 심어지거나 썩지 않으면 열매를 맺을 수 없다고 가르치신다. 물론 예수님은 자신에게 일어날 일을 설명하셨다. 예수님이 계속 살아 계신다면, 몇몇 사람은 병을 고침 받을 수도 있고, 몇몇 사람은 예수님의 기적을 통해 유익을 얻을 수도 있고, 몇몇 사람은 예수님의 가르침과 설교를 통해 하나님께 돌아올 수도 있을 것이다. 그러나 궁극적으로 세상은 여전히 용서받지 못한 상태일 것이다.

예수님의 생명이 확장되고 배가되기 위해서 예수님은 먼저 죽으셔야 했다. 예수님이 죽으시고 부활하시자, 예수님의 생명은 수 세기에 걸쳐 내려오면서 수백만 번 배가될 수 있었다. 예수님을 구주로 인정하고 죄를 용서받은 우리는, 예수님께서 기꺼이 죽으셨기 때문에 어린 양의 생명책에 이름이 기록되었다.

이번에는 예수님이 우리에게 우리의 십자가를 지라고 요구하신다. 이것은 자신에 대해 죽고, 자신을 예수님께 드리는 것이다. 예수님을 위해서, 예수님의 목적대로 살아가기 위해서다.

예수님은 계속해서 말씀하셨다.

"자기의 생명을 사랑하는 자는 잃어버릴 것이요 이 세상에서 자기의 생명을 미워하는 자는 영생하도록 보전하리라"(요 12:25).

우리는 자신이 사랑하는 것, 꿈, 욕구, 야망, 목표에 대해 기꺼이 죽어야 한다. 그런 다음 우리 삶에서 주 예수 그리스도가 그분의 뜻대로 하실 수 있도록 전적으로 내어드려야 한다. 그렇게 할 때 참으로 인생을 충분히 알 수 있고, 온전히 깨달은 삶 속에서 우리의 목적을 발견할 수 있다. 더욱더 우리 자신이 되고, 영원히 우리 자신이 되기 위해 우리는 자아에 대해 죽어야 한다.

하나님의 사랑이 우리를 감싸고 우리 속에 충만하려면, 우리는 강력한 자기 사랑을 깨고 나와야 한다.

성경의 여러 다른 구절도 이 같은 가르침을 반복한다. 자신의 욕망과 자신의 의지에 집착하면 우리는 실패한다. 그것을 놓아버리고 하나님이 주관하시게 할 때, 우리는 승리한다(마 10:39, 16:24, 26).

이렇게 질문할지도 모르겠다. "하나님은 왜 무엇인가를 살리려면 그것이 먼저 죽어야 한다고 말씀하십니까?" 그 이유를 온전히 아시는 분은 하나님밖에 없다. 하지만 우리는 하나님이 창조하신 것을 통해 이 원리가 진리임을 알 수 있다.

우리는 포도주스를 마신다. 누군가 포도를 으깨어 과즙을 냈기 때문이다. 우리는 빵을 먹는다. 누군가 밀을 으깨어 가루로 만들었기 때문이다. 우리가 생산적이고 유익한 삶을 살아갈 수 있는 것은, 하나님이 우리의 아집을 깨뜨리셨기 때문이다.

하나님은 우리의 미래를 계획하기 원하신다

수년에 걸쳐 깨달은 것은, 때때로 젊은이들이 자신의 삶을 하나님께 온전히 드리는 것을 어려워한다는 것이다. 젊은이들은 자신 앞에 펼쳐진 미래를 본다. 그 미래는 그들이 보기에 무한한 기회로 가득 차 있다. 사탄은 그들을 속여서 이 인간관계가 없으면, 성적 욕구를 충족하지 않으면, 이 일에 헌신하지 않으면, 특정한 물건을 소유하지 않으면 그들의 미래가 평탄하지 않을 것으로 생각하게 만든다. 젊은이들은 사탄이 '이상적인 삶의 방법'이라고 제시하는 것을 좇아가기 시작한다. 물론 사탄의 계획에는 하나님이 포함되지 않는다.

사탄이 이상적이라고 제시하는 것을 좇아간 결과는 싸워서라도 얻으려는 마음(a spirit of striving)이다. 싸워서라도 얻는 것은 힘든 일이다. 그것은 개인이 일할 수 있는 능력(또는 다른 사람에게 시킬 수 있는 능력)에 의존한다. 싸워서라도 얻으려는 마음에는 탐욕의 요소가 들어 있다. 항상 더 많이 성취하고, 벌어들이고, 획득해야 한다. 싸워서라도 얻으려는 마음 중심에는 자아가 있다. 자아는 원하는 것을 원한다. 무엇인가를 얻으려고 몹시 애쓸 때는 다른 사람들에게 혹은 자신의 몸이나 마음에 끼칠 수 있는 해악에 대해서는 별로 상관하지 않는다. 싸워서라도 얻으려는 마음은 노골적인 야망이다. 궁극적으로 싸워서라도 얻으려는 마음은 구속이다.

인생에 중요한 의미와 가치가 있는 목적이라고 사탄이 제시하는 환상은 정말 환상일 뿐이다. 사막의 신기루와 같다. 해마다 자신의 모든 에너지를 다 쏟아서 신기루를 향해 투쟁하고, 애써 나아가고, 필사적으로 찾고, 기면서까지 가보지만, 결코 도착하지 못한다. 생명을 줄 수 있다고 생각한 것이 사실은 마른 먼지일 뿐이다.

고급스러운 물건을 좋아하거나, 살 능력이 있어서 명품을 사는 것이 잘못된 일일까? 배우자와 자녀를 원하는 것이 잘못된 일일까? 자기 일에서 성공하기를 원하는 것이 잘못된 일일까?

아니다. 잘못된 것은 이것 없이는 살 수 없다고 느끼는 바로 그 순간이다. 잘못된 것은 재산과 인간관계와 성공을 하나님과의 관계와 맞바꾸는 것이다. 우리의 목적이 성취하려는 일이 되면 우리를 향한 하나님의 목적을 놓치게 된다. 하나님과의 관계를 최우선 순위로 삼을 때, 하나님은 참된 만족을 줄 수 있는 것을 성취하고 받을 수 있는 자리로 우리를 인도하신다.

나는 여자 친구와 헤어진 문제로 매우 낙심하고 있는 한 청년과 상담한 적이 있다. 그는 여자 친구와 깊은 사랑에 빠졌고, 그녀와의 행복한 삶을 꿈꾸었다. 그녀가 다른 남자 때문에 그를 버렸을 때, 그는 깊은 상처를 받았다.

청년은 여자 친구가 원하는 것을 중심으로 자신의 삶을 계획했다고 털어놓았다. 그녀의 집 근처로 이사를 하고, 그녀가 좋아하는 직업을 선택하고, 그녀가 다니는 교회에 출석하고, 그녀가 원하는 스타일의 옷을 입었다. 더구나 그녀는 그에게 재정적으로 성공해야 한다는 압박감을 굉장히 심하게 주었다.

나는 그에게 물었다. "그곳으로 이사하거나 이 직업을 선택하라고 하나님이 말씀하셨습니까?"

그는 이러한 결정에 대해 하나님께 기도하지 않았다고 고백했다. 나는 이 부분에서 그의 깨어진 마음이 회복될 수 있도록 격려했다.

"당신이 어떤 사람이 되고, 어떤 일을 해야 하는지, 그에 대해 하나님이 원하시는 것이 무엇인지를 구하십시오."

나는 몇 년 동안 그 청년을 보지 못했다. 우리가 다시 만났을 때, 사랑스러운 여자와 결혼해서 6개월 된 아들이 있었다. 그는 이렇게 말했다.

"목사님, 하나님의 방법으로 일하기 시작하자, 정말 모든 것이 변했습니다. 고향으로 돌아와서 하나님이 허락해 주신 일을 시작했습니다. 내가 성장한 교회에서 아내를 만났습니다. 아내와 처가 식구들은 내가 대학에 다닐 때 이 도시로 왔습니다. 하나님은 우리 두 사람의 삶을 이어주셨는데 하나님의 계획에 의한 것이었습니다. 우리는 인생의 목적이 같습니다."

장래 자신의 신분 상승을 위해서 바람직할 뿐만 아니라 꼭 필요하다고 사탄이 제시하는 것은 모두 속임수에 불과하다. 사탄의 의도는 우리가 축복받는 것이 아니라 우리를 파멸시키는 것이다. 그것 없이는 살 수 없다고 생각되는 것이 우리 삶에 하나라도 있다면, 하나님과의 관계를 점검하고 우선순위를 한 번 더 살펴보라는 경고 메시지가 분명하다.

예수님은 분명하게 가르쳐 주셨다.

"그러므로 염려하여 이르기를 무엇을 먹을까 무엇을 마실까 무엇을 입을까 하지 말라 이는 다 이방인들이 구하는 것이라 너희 하늘 아버지께서 이 모든 것이 너희에게 있어야 할 줄을 아시느니라 그런즉 너희는 먼저 그의 나라와 그의 의를 구하라 그리하면 이 모든 것을 너희에게 더하시리라"(마 6:31-33).

하나님은 우리의 필요를 아신다. 하나님은 우리에게 가장 좋은 것이 무엇인지, 또 얼마나 필요한지를 알고 계신다. 사실 우리는 아주 조금만 있어도 살아갈 수 있다. 하지만 하나님 없이는 결코 참되게 살아갈 수 없다. 우리에게 첫 번째로, 가장 먼저, 언제나 필요한 분은 오직 하나님이다. 오직 한 분, 하나님 없이는 절대 살 수가 없다.

사탄이 장래를 위해 '반드시 가져야 한다'고 제시하는 것은 모두 일시적이고 세상적이다. 이런 것을 얻기 위해 고군분투하거나 추구하는 삶을 기꺼이 포기한다면, 그리고 하나님께로 돌아온다면, 하나님은 장래에 대한 우리의 열망을 완전히 실현해 주고 우리를 만족하게 하실 것이다.

우리가 자신의 미래를 결정하는 일을 기꺼이 포기한다면, 하나님은 우리가 준비하고, 처리하고, 만들어낼 수 있는 것보다 훨씬 더 좋은 것을 주실 것이다. 하나님의 최선이 우리의 것이 될 것이다. 하지만 이기적이고 의존적인 성품에 대해 기꺼이 죽고 우리의 삶을 온전히 하나님께 드릴 때 가능하다.

하나님은 우리의 목표를 정하기 원하신다

이 문제에 대해 내 설교를 들은 젊은 자매가 질문했다.

"목사님, 목표를 세우는 것이 잘못된 일인가요? 목사님의 말씀은 우리가 하나님을 신뢰하면서 하루하루를 살아가되 어떤 계획이나 목표를 세워서는 안 된다는 것으로 들립니다."

목표를 정하는 것은 잘못된 일이 아니다. 잘못된 것은 우리를 위한 하나님의 목적이 무엇인지 하나님께 묻지 않고 우리가 정하는 것이다. 항상 다음과 같이 진지한 기도를 드리면서 목표를 설정해야 한다.

"하나님, 하나님은 내가 어떤 일을 하고, 어떤 말을 하고, 어떤 존재가 되기를 원합니까?"

우리의 기도는 예수님이 겟세마네 동산에서 하셨던 기

도와 같아야 한다.

"그러나 나의 원대로 마시옵고 아버지의 원대로 하옵소
서"(마 26:39).

우리는 하나님이 만드신 바라

인생에서 당신의 성취와 성공에 대한 책임은 누구에게
있는가?

당신이 어떤 사람이 될 것인지, 어떤 일에서 성공할 것
인지에 대해 당신에게 책임이 있다고 생각하는가? 아니면
하나님이 당신을 통해 그분의 삶을 살고, 당신을 변화시켜
서 하나님의 목적을 위해 당신을 쓰실 수 있도록 하나님을
의지하는가?

이것은 전혀 다른 두 관점이다. 자신이 자신의 운명을
쥐고 있다고 믿으면, 깨어짐을 빨리 혹은 쉽게 받아들이지
못한다.

지혜로운 사람은 모든 것에 대한 권리가 하나님께 있고
또 요구하신다는 사실을 직시한다. 하나님은 우리를 통해,
우리의 입술, 눈, 손, 발, 몸, 생각, 감정을 통해 하나님이

선택하시는 방법으로 하나님의 생명을 드러내실 권위와 권리를 가지고 계신다. 우리는 단지 그리스도가 존재하신 방식을 반영할 뿐만 아니라, 오늘날 이 세상에서 그리스도의 삶에 대한 살아 있고 행동하는 표현이 되어야 한다.

일단 예수 그리스도를 구주로 영접하면, 우리는 자신의 것이 아니고 자기의 장래를 주도하거나 결정하지 못한다고 성경은 말한다.

바울은 말한다. "너희는 그 은혜에 의하여 믿음으로 말미암아 구원을 받았으니 이것은 너희에게서 난 것이 아니요 하나님의 선물이라 행위에서 난 것이 아니니 이는 누구든지 자랑하지 못하게 함이라 우리는 그가 만드신 바라 그리스도 예수 안에서 선한 일을 위하여 지으심을 받은 자니 이 일은 하나님이 전에 예비하사 우리로 그 가운데서 행하게 하려 하심이니라"(엡 2:8-10).

구원은 노력으로 얻는 것이 아닌 것처럼, 우리는 삶에서 자신의 영광을 추구할 책임이 없다. 우리는 처음부터 끝까지 하나님이 만드신 작품이다. 하나님은 그분을 위해 행해야 할 선한 일로 우리를 이끄시고 인도하신다. 그 일은 하나님이 우리에게 주신 재능, 기술, 경험, 능력과 전적으로 조화를 이룬다.

나의 삶을 돌아볼 때, 하나님이 나를 이곳에서 저곳으로, 이런 경험에서 저런 경험으로 어떻게 옮기셨는지를 깨닫고 놀라게 된다. 하나님은 항상 다음 단계로 나아가게 하시고, 나중에 하나님의 목적에 유용할 수 있도록 항상 내 안에 있는 무엇인가를 깨끗하게 하거나 계발할 수 있는 장소와 상황에 있게 하셨다.

나는 십대 때 옷과 필요한 것을 사기 위해 신문을 팔았다. 어느 날 밤, 신문을 팔고 있는 거리의 모퉁이에서 줄리언이라는 친구와 이야기를 하고 있었다.

나는 줄리언에게 말했다. "하나님이 나를 설교자로 부르셨어. 그런데 나는 학교에 갈 수 있는 돈이 없어."

나는 줄리언과 그렇게 친한 사이가 아니다. 우리는 그저 가볍게 삶에 관해 이야기했을 뿐이다. 우리가 이야기하는 바로 그 순간에, 우리 교회 목사님이 지나가셨다.

줄리언이 말했다. "해먹 목사님, 찰스는 하나님이 자기를 설교자로 부르셨다고 믿어요. 찰스가 학교에 갈 수 있도록 목사님이 도움을 줄 수 있으세요?"

목사님은 말씀하셨다. "그럴 수 있을 것 같구나. 나를 한번 만나러 오겠니?"

나는 목사님을 찾아갔고, 그 순간은 내 인생에서 가장 중요한 오후 가운데 하나가 되었다. 목사님은 나를 위해 고향에서 약 150마일 떨어진 리치몬드대학교에서 4년 동안 장학금을 받을 수 있도록 도와주셨다.

그날 밤 내가 줄리언에게 그런 말을 한 것은 우연일까? 해먹 목사님이 지나가신 것은 우연일까? 줄리언이 그렇게 말한 것은 우연일까? 아니다. 하나님은 내가 알 수 없는 방법으로 일하고 계셨다.

하나님은 우리의 지휘자일 뿐만 아니라 작곡자가 되신다. 그리스도 예수는 우리 인생의 창조자와 완성자가 되신다(히 12:2).

우리가 자신의 이야기를 쓰기로 고집하면, 하나님은 그분의 살아 있는 뜻을 우리 마음에 쓰실 수 없다.

우리가 자신의 길을 걸어가기로 고집하면, 하나님은 우리를 그분의 의의 길로 인도하실 수 없다.

우리가 자신의 삶을 주도하기로 고집하면, 하나님은 우리의 주권적인 왕과 주님이 되실 수 없다.

우리가 자신의 욕구대로 살기로 고집하면, 하나님은 그

분의 소원을 나누어주실 수도, 우리를 하나님의 온전하고 풍성한 축복으로 인도하실 수도 없다.

우리가 자신의 운명을 주도한다고 생각하면, 하나님이 우리를 위해 예정하신 운명을 온전히 경험할 수 없다.

우리는 하나님께서 만드신 존재다. 그렇지 않은 것처럼 행동하면 하나님과의 신뢰 관계를 깨뜨리고, 우리 삶을 하나님께 온전히 맡기지 않기로 결정하는 것이다.

04

깨어짐을 방해하는 장애물

우리는 수많은 장애물 때문에 깨어짐이 하나님의 계획 일부임을 깨닫지 못한다. 가장 중요한 장애물 가운데 하나는 그리스도인의 삶은 우리가 행하는 어떤 것이라는 관점이다. 누군가에게 그리스도인에 대해 묘사해 보라고 하면 아마도 이렇게 말할 것이다.

"그리스도인은 교회에 다니고, 찬양을 부르고, 기도하고, 헌금하고, 성경을 읽고, 다른 사람에게 복음을 전합니다."

여러 사람이 어떤 활동이나 행동을 덧붙이거나 강조할

것이다.

어떤 사람은 이렇게 말할 것이다. "그는 그리스도인입니다. 담배나 술을 하지 않고, 욕도 하지 않거든요."

또 다른 사람은 "그녀는 그리스도인입니다. 남자들과 어울려 파티를 하거나 성관계를 하지 않거든요"라고 말할 것이다.

그리스도인의 삶은 우리가 행하는 것으로 정의되지 않는다.

그보다는 그리스도 예수가 십자가에서 행하신 일, 예수님을 구원자로 인정한 결과로서 우리가 어떤 존재인지에 의해 정의된다. 그리스도인의 삶은 궁극적으로 성령의 감독하에, 성령의 능력으로 변화되고 있는 우리의 어떠함으로 정해진다.

이제 분명히 당신은 점점 더 그리스도를 닮아가면서 당신의 외적 행동도 변화될 것이다. 당신을 통해 자신의 삶을 사시는 그리스도 예수 때문에 어떤 행동을 하지 못할 것이다. 당신 안에서 흘러넘치는 예수님의 생명은 하나님에 대한 예배로, 찬양과 감사로 드러날 것이다. 참된 그리스도인은 "내가 그리스도인인 것을 보여 주려면 어떻게 행동해야 합니까?"라고 질문할 필요가 없다. 자기 안에 계신 하나님의 사랑에 반응하고, 그런 다음 마치 그리스도가 행동하고 말씀하고 반응하셨을 것처럼 행동하고 말하고 삶에 반응한다.

'자기만족'이라는 장애물

깨어짐과 관련해서 정신적으로 해결해야 할 일 중 하나는, 그리스도인이 되고 그리스도를 경외하는 삶을 사는 것이 어떤 의미인가에 대한 자신의 생각을 바로잡는 것이다. 그리스도인이 되는 것은 행함의 문제가 아니라, 그리스도 예수와의 관계에 대한 존재의 문제다. 일을 행하는 것은 예수님의 몫이다. 예수님은 우리를 하나님의 형상으로 변화시키는 일에 책임이 있다. 예수님은 우리의 창조자이며 편집자다. 우리 삶을 수정하셔서 하나님의 계획을 온전히 따를 수 있게 하시는 분이다.

당신은 자신의 죄악 된 성품을 바꿀 수 없다. 어느 날 아침 거울을 들여다보며 '나는 이제 내 모든 죄를 깨끗이 씻고 내 삶을 완전히 바꿀 거야'라고 말할 수 없다. 그런 일은 불가능하다. 많은 사람이 영적으로 변화되려고 노력한다. 그리고 똑같은 슬픈 결론에 도달한다. "내 힘으로는 할 수 없어." 오직 예수 그리스도만이 인간의 마음을 깨끗하게 하고 변화시킬 수 있다. 우리 안에 거하시도록 그리스도께서 보내주신 성령님만이 우리의 결정을 인도하시고, 우리의 마음을 부드럽게 하시고, 우리의 양심을 깨우치셔서 예수님처럼 반응하기로 선택하고 그렇게 행동할 수 있게 하신다.

하나님은 토기장이시고 우리는 진흙이라는 것을 절대 잊어서는 안 된다.

'재능과 은사'라는 장애물

깨어짐의 축복을 받는데 또 다른 중요한 장애물은 재능과 은사다. 모순되는 진리처럼 보이지만, 우리가 가진 재능과 은사 때문에 재능을 온전히 사용하지 못하거나 더 많은 재능과 은사를 받지 못할 수 있다.

재능이 많은 사람은 하나님이 주시는 깨어짐의 과정을 정말 힘들어 한다. 재능 있는 사람은 인생의 성공이 결정된 것 같고, 그들에게는 강한 자기 확신이 있다. 그들은 세상에서 정말 잘 나가는 사람들이다.

은사와 재능의 문제점은 가지고 있기 때문이 아니라, 은사와 재능을 의지하고 신뢰하는 데 있다. 우리가 인생을 살아가도록 하나님이 주신 자연적 은사를 의지할 때, 하나님의 임재와 더불어 은사를 부어 주시고 그 은사로 할 수 있는 일 이상으로 우리의 은사를 배가시켜 주실 수 있는 수많은 방법을 놓치게 된다.

자신이 가진 것에 만족하는 사람들은 자신에게 정말 필요한 것을 구하지 않고 하나님을 의지하지 않는다.

그들은 자신이 놓치고 있는 것을 모른다.

그들은 하나님이 자신을 어떻게 사용하시는지 알지 못한다.

그들은 자신에 대한 하나님의 계획을 알지 못한다.

그들은 축복을 놓치고 있다는 것을 깨닫지 못한다.

나는 수년간 목회를 하면서 많은 재능이나 많은 재산을 소유한 이들이 자기 삶의 주도권을 굳게 붙들고 있는 것을 자주 보았다. 그들은 자기가 잃을 것이 많다고 생각한다. 그래서 가진 것을 지키기 위해 무엇이든지 한다. 심지어 세상에서 사용되거나 남들에게 보이지 않도록 몰래 숨겨 놓거나 잠가 놓기도 한다.

아주 뛰어난 재능을 가진 사람들은 자신의 모든 것을 하나님께 드릴 때 절대 실패하지 않는다는 사실을 알지 못한다. 자기 자신을 하나님께 드릴 때 절대 실패할 수 없다. 우리 삶을 사용하시는 하나님의 위대한 능력의 비밀은 이 원리에 나타나 있다.

"주라 그리하면 너희에게 줄 것이니 곧 후히 되어 누르고 흔들어 넘치도록 하여 너희에게 안겨 주리라 너희가 헤아리는 그 헤아림으로 너희도 헤아림을 도로 받을 것이니라"(눅 6:38).

이 말씀은 단지 재정이나 물질적인 것뿐만 아니라 인생의 모든 것을 의미한다. 우리가 하나님께 드리는 것을 하나님은 우리에게 더 풍성하게 되돌려주신다. 우리는 배가 된다. 그리고 새로워짐, 기쁨, 평안, 성취감을 깨닫는다. 하나님이 주시는 것보다 우리가 더 많이 드릴 수는 없다.

하나님이 우리 삶으로 하실 수 있는 일보다 우리가 우리 삶으로 더 많은 일을 할 수는 없다. 하나님은 우리를 만드셨다. 그래서 우리를 확장시키고, 우리를 사용하시고, 우리를 실현할 방법을 정확하게 알고 계신다. 하나님은 우리가 될 수 있고, 우리가 할 수 있는 모든 것을 아시며, 우리의 잠재력을 실현할 방법을 알고 계신다.

다양한 직업, 일, 또는 기회가 주어질 때마다 우리는 이렇게 말하곤 한다.

"나는 무엇을 해야 할지 모르겠어. 어떤 것을 선택해야 할지 모르겠어. 어떤 길로 가야 할지 모르겠어."

하나님은 아신다. 우리가 할 수 있는 것을 아실 뿐만 아니라, 우리에게 있는지도 모르고 있는 재능과 능력, 은사를 겉으로 드러나게 하는 방법도 알고 계신다.

아주 뛰어난 재능을 가진 사람은 깨어질 때, 자신의 힘과 능력을 사용해서 상황을 바꾸어 보려고 애쓴다. 가장 현명한 방법은 하나님께 돌아와서 이렇게 인정하는 것이다.

"내가 알지 못하는 이 문제에 대해 하나님은 무엇인가를 알고 계십니다. 하나님께 복종합니다. 하나님이 원하시는 대로 나와 내 재능을 사용해 주십시오."

'잘못된 대상을 의지함'이라는 장애물

우리의 삶을 이루고 만드는 데 있어서, 하나님은 우리의 삶 모든 영역을 하나님의 뜻에 복종하기 바라신다. 이 목적을 이루기 위해, 하나님은 우리가 하나님의 뜻에 온전히 복종하지 못하고 온전히 신뢰하지 못하게 하는 모든 방해물을 우리에게서 제거하신다.

우리 삶에 대한 하나님의 목적은 우리가 하나님을 전적으로 신뢰하는 것이다. 우리 안에 있는 다른 것을 의지한다면, 하나님을 온전히 신뢰할 수 없다. 의식적으로든 무의식적으로든, 우리가 하나님 대신에 의지하는 것은 하나님을 신뢰하려고 할 때의 장애물, 방해물, 장벽, 지장이 된다. 성경 예화인 토기장이와 진흙의 비유로 설명하면, 우리가 의지하는 것은 돌, 거품, 흠집, 온전히 구부릴 수 없는 마른 진흙 조각이다.

우리가 의지하는 것은 어떤 것이 있을까?

자아

우리는 무엇보다도 우리 자신을 믿는다. 우리는 교만한

독립심을 가지고 태어난다. 많은 사람이 자기 영혼의 벽에 커다란 표지판을 내걸고 있다. "하나님, 나가 계십시오."

어떤 사람들은 이렇게 말한다. "하나님, 내 삶의 이만큼은 하나님께 드릴 수 있습니다. 95퍼센트까지 가지셔도 됩니다. 하지만 이 부분만큼은 내가 가지겠습니다."

우리는 가고 싶은 곳에 가고, 사고 싶은 것을 사고, 하고 싶은 것을 하고, 사귀고 싶은 친구를 사귀고, 살고 싶은 곳에서 하고 싶은 대로 살기 원한다.

그러나 하나님은 우리가 하나님의 능력과 지혜와 사랑을 온전히 갖고자 한다면, 전적으로 하나님을 신뢰해야 하고, 우리 자신을 위해 우리의 어떤 부분도 따로 떼어 두어서는 안 된다고 말씀하신다.

재산

어떤 사람들은 돈이나 물질적 재산을 의지한다. 나는 매우 부자인 한 남자를 알고 있다. 그는 종종 농담처럼 이렇게 말했다. "은행 잔액이 3만 달러 이하가 되면 가난한 것 같아요."

그는 재산 때문에 안전하다고 생각했다. 그래서 사업에

점점 더 많은 비중을 두기 시작했다. 가족이나 교회와의 관계는 소홀해지기 시작했다. 사업에 몰두할수록 잘못된 결정을 내렸다. 여러 번의 잘못된 투자 때문에 재정적으로 파산하게 되었다. 수년 동안 자포자기 상태로 지내자 아내도 그를 떠났다. 그는 작고 지저분한 침실 한 개짜리 아파트에서 혼자 살게 되었다. 재산을 회복하기 위해 온갖 방법을 다 시도했다. 하지만 마침내 "하나님, 나는 당신의 것입니다. 나는 당신을 신뢰합니다. 평생 돈을 믿었습니다. 이제부터 하나님을 신뢰하겠습니다"라고 고백하기까지 하나님은 멈추지 않으셨다.

그가 이렇게 깨어지고 난 후, 하나님은 그가 자신의 필요를 채울 수 있는 충분한 능력을 갖출 수 있도록 회복시켜 주셨다. 하지만 이 사람의 인생에서 더 위대한 기적은 그가 더는 큰 부자가 되는 것에 관심을 두지 않게 된 것이다. 그의 정체성은 더 이상 돈에 매여 있지 않았다.

이미지와 외모

어떤 사람들은 성공을 위해 자신의 아름다움과 외모를 의지한다. 인생을 살면서 자신의 이미지를 의지하는 것이다.

나는 일평생 아름다웠던 한 여자를 알고 있다. 나이가 들었음에도 그녀는 아름다웠고 옷차림새는 항상 단정했다. 외모를 아름답게 가꾸는 것은 그녀에게 매우 중요한 일이었다.

그녀는 70대에 퇴행성 질환을 앓았다. 병이 진행됨에 따라 인생에서 외적 아름다움은 정말 중요하지 않다는 것을 깨달았다. 대신 그녀의 가족과 친구들조차 한 번도 본 적이 없는 내적 아름다움이 성장하기 시작했다. 그녀의 겉 사람은 쇠약해졌지만, 영혼은 놀랍도록 빛나기 시작했다. 그녀는 자기를 찾아오는 모든 사람에게 영감을 주는 사람이 되었다. 자신의 삶에서 일하시는 하나님의 은혜를 그들과 온전히 나누었기 때문이다.

이 여인은 평안하게 큰 기쁨을 품고 세상을 떠났다. 그녀는 죽기 직전에 "나는 이제 졸업하고 다음 단계로 나아갈 준비가 되었습니다"라고 말했다. 자신 안에서 하나님이 깨뜨리시는 과정이 그녀에게 영원한 유익이 되었다는 믿음의 고백이 얼마나 놀라운지.

업적과 명성

어떤 사람들은 자신의 업적과 과거에 행한 일을 의지한다. 그들은 인생을 살아가면서 명성을 의지하는 것이다.

수년 전에 나는 매우 교만하고 자만심이 강한 남자를 만났다. 그는 매우 비열한 사람이었다. 나는 그가 이야기하는 것을 한번 들었을 뿐인데, 하나님은 내 영혼에 "그를 위해 기도하라"고 말씀하셨다. 나는 정말 그를 위해 기도하고 싶지 않았다. 나는 그 사람을 좋아하지 않았다.

얼마 후 그를 우연히 만났는데 나를 저녁 식사에 초대했다. 나는 정말 가고 싶지 않았지만 승낙했다. 이야기를 나누면서 그가 영적으로 부드럽고 온화해졌음을 알았다. 그는 전에 내가 알던 사람이 아니었다.

그는 자기 이야기를 해주었다. 그는 자기가 설립한 회사에서 강제로 해고되었다. 밑바닥으로 떨어졌고 그 과정에서 하나님께 돌아왔다. 깨어짐의 과정을 받아들였고 자신의 삶을 하나님께 내어드렸다. 내가 그를 만났을 때 그는 여전히 실직 상태였다. 하지만 성품은 완전히 달라져 있었다. 얼마 후에 그가 두 명의 동업자와 새로운 회사를 설립했고, 이번에는 직원들과 동업자에 대한 사랑과 존경이라는 하나님의 원리에 따라 회사를 운영한다는 소식을 들었다.

이미 얻은 명예에 안주하려고 하면, 언제든지 깨어질 수 있는 위험에 처하게 된다. 현재와 미래에 대한 하나님의 섭리보다는 과거에 행한 일을 더 믿기 때문이다.

'주도권을 유지하고 싶은 욕구'라는 장애물

오늘 하나님에게 드리지 못한 당신 삶의 영역은 무엇인가? 어떤 영역에서 주도권을 유지하고 있는가? 하나님이 눈감아 주셨으면 좋겠다고 생각하는 삶의 부분은 무엇인가? 하나님이 꼬치꼬치 캐묻지 않기를 바라는 삶의 영역은 무엇인가?

내가 알고 있는 어떤 사람들은 이런 영역을 하나님께 이야기하고 그 영역에 대한 주도권을 하나님께 드리지 않았음을 인정하기까지 한다. 그러면서도 여전히 주도권을 내려놓지 않았다. "완전한 사람은 없어요"라는 말로 자신의 행동을 합리화하거나, 삶의 이 부분은 매우 오랫동안 자기가 감당해 왔기 때문에 "하나님이 나를 이런 식으로 만드셨습니다"라고 하나님께 말씀드리기도 한다. 하지만 사실은 그 삶의 영역을 하나님께 드리고 싶지 않은 것이다.

나는 수년 동안 하루에 담배 두 갑을 피운 사람을 알고 있다. 그는 흡연이 나쁜 습관이고 건강에 나쁜 영향을 준다는 것을 쉽게 인정했다. 나는 담배를 끊을 수 있는 의지를 달라고 하나님께 함께 기도하자고 제안했다. 하지만 그는 거절했다. "나는 하나님이 이 문제에 관심이 없다고 생각합니다. 내가 금연하기 원한다면, 금연은 내가 할 일입니다"라고 말했다. 그는 폐 공기증 진단을 받고 나서야 나에게 기도를 부탁했다.

내가 아는 한 여자는 수년 동안 아기를 가지려고 애쓰고 있다. 부부는 전문가를 찾아다니고 불임클리닉에 다니느라 수천 달러를 쓰고 있었다. 나는 그들에 대한 하나님의 소원이 무엇인지 구하는 기도를 해본 적이 있는지 물었다. 그녀는 웃으면서 말했다. "이 문제로 하나님께 기도하기가 두렵습니다. 하나님은 우리가 아기 갖는 것을 원하지 않는다고 말씀하실지도 모릅니다."

우리는 각자 전적인 주도권을 유지하기 원하는 삶의 영역이 있다. 그 영역은 정확하게 하나님이 개입하기 원하시는 영역들이다. 하나님은 '하나님 출입금지'를 고수하는 이 영역들을 우리에게서 제거하기 위해 주목하고 계신다. 우리에 대한 하나님의 소원과 목적은 하나님께 대한 전적인 의존이다. 그야말로 아주 완벽한 의존일 때 하나님은 만족하실 것이다.

나는 서부의 황야를 정처 없이 돌아다니기 좋아한다. 추울 때 텐트에서 자는 것과 사진기로 자연 풍경을 촬영하는 것을 좋아한다. 나는 황야의 적막함과 아름다움을 즐긴다. 황무지를 여행할 때는 대개 말을 빌린다. 매우 온순한 말은 고삐의 작은 움직임에도 자기가 무엇을 해야 하는지 정확하게 알고 즉시 순종한다. 가끔 몇 마디만 하면 충분하다.

매우 독립적인 말을 타본 적도 있다. 고삐를 당기고, 고삐를 급히 잡아당기고, 발걸이로 말을 차고, 날카롭게 소리를 지르기도 하지만, 내가 원하는 일은 하나도 일어나지 않았다. 이 말도 길들이는(broken) 훈련을 받았을 것이다. 하지만 내가 볼 때 이 말은 제대로 길들이지 않았다. 고집센 말은 나를 위험한 상황에 빠뜨리기도 한다. 언덕 아래로 돌진하기도 하고, 좁은 길로 들어가서 갑자기 멈춰서기도 한다. 정말이다. 나는 언제든지 어떤 상황에서도 온순하고 잘 길들인(well-broken) 말을 타고 싶다.

말을 길들일 때 무슨 일이 일어날까? 많은 사람이 생각하는 것과는 다르게 말의 정신은 꺾이지(broken) 않는다. 잘 길든 말은 여전히 강하고, 열정적이고, 눈치가 빠르고 잘 알아차린다. 그리고 고삐가 없을 때는 질주하는 것을 좋아한다. 꺾이는 것은 말의 독립심이다. 말을 길들인 결과는 그 말을 탄 사람에 대한 즉각적인 순종이다.

하나님의 자녀가 깨어질 때(broken), 하나님은 그 사람의 영혼을 다치게 하지 않는다. 우리는 그리스도께 나아갈 때 삶에 대한 열정을 잃지 않는다. 우리의 인격적인 힘을 잃지 않는다. 오히려 독립심을 버리게 된다. 자신의 의지를 하나님 아버지의 뜻에 온전히 드려, 구원자와 주님으로 부르는 그분께 즉시 순종할 수 있게 된다.

이제는 우리 마음대로 하겠다고 주장할 수 있다. 우리가 예수님을 구주로 영접하기 전에도, 그 후에도 하나님은 우리의 자유의지를 빼앗지 않으신다. 하나님이 무엇을 말씀하시든지, 어떻게 인도하시든지 우리는 '자기 마음에 드는 일'을 할 수 있다. 하지만 마치 길들지 않았거나 부분적으로 길들인 말처럼 독립적으로 행동할 때, 우리는 위험에 빠질 수 있다. 하나님은 우리가 자유의지를 행사한 결과로 죄와 악의 위험 속에서 방황하는 것을 원하지 않으신다.

깨어짐은 우리의 의지가 하나님의 뜻에 온전히 복종하게 되는 상황이다. 그래서 하나님이 말씀하실 때 어떤 논쟁도 하지 않고, 어떤 합리화도 하지 않고, 어떤 변명도 제기하지 않고, 어떤 비난도 하지 않고, 성령님이 이끄시는 대로 그 인도하심에 즉시 순종한다. 궁극적인 결과는 축복이다. 축복은 지금과 영원에 있어서 우리의 유익을 위한 것이다.

'자아'라는 장애물

하나님이 우리를 깨어지는 과정으로 인도하시거나 깨어짐을 겪도록 허락하실 때는 자기 뜻, 자기 의존, 자기 의지, 자기 만족을 다루신다. 우리 안에서 자기 뜻대로 하려는 기미가 있는 모든 것, 고집스러운 독립심을 다루신다.

어떤 사람에게 자아는 사회적 지위, 즉 능력과 권위와 연결된다.

어떤 사람에게 자아는 친구를 사귀거나 사람들에게 영향을 주는 지적 능력이나 활력 있는 '좋은 성격'과 구분되지 않는다.

어떤 사람에게 자아는 외모나 건강, 즉 아름다움이나 체력, 활동력과 연관된다.

어떤 사람에게 자아는 재산이나 자기에게 '어울리는' 이웃과 사는 것에 가장 밀접하게 연결되어 있다.

자아에 대한 우리의 개념은 우리가 하나님을 얼마나 신뢰하는지 자신의 삶을 하나님께 얼마나 복종시키는지를 나타낸다.

자신에게 물어보라. "자기 자신에게 좋은 감정을 느끼는 때는 언제인가, 나쁜 감정을 느끼는 때는 언제인가?"

머리 모양이 잘 나오지 않았거나, 직장에서 일을 잘 처리하지 못했거나, 좋아하는 물건을 잃어버려서 큰 상실감에 빠진다면…….

내가 귀중하고 가치 있다고 느끼기 위해 배우자나 친구들에게 칭찬을 받아야 한다거나 재정적으로 어느 정도 안정되어야 한다고 느낀다면…….

어떤 방식대로 살지 못하거나, 어떤 특권을 갖지 못하거나, 어떤 업적에 대해 인정받지 못했을 때, 자신이 '보잘것 없는 사람'으로 느껴진다면…….

당신은 하나님과의 신뢰 관계를 재평가해야 한다. 하나 님은 자아에 대한 우리의 개념이 가치 있고 귀중한 것이 무엇인지에 대한 하나님의 정의와 하나님의 사랑 속에 온 전하고도 완전하게 잠기기를 원하신다.

우리가 하나님을 신뢰하지 않고, 우리가 의존하는 것 에 집착할수록 깨어짐의 기간은 더 힘겨워질 수 있다. 때 로 하나님은 우리가 하나님보다 더 신뢰하는 것을 우리에 게서 비틀어 떼시거나 우리 안에서 산산이 부수시는 것 같 다. 깨어짐의 과정은 극히 고통스러울 수 있다. 우리는 전 혀 알지 못한 혹은 상상할 수도 없었던 슬픔, 고난, 고통을 알게 될 것이다.

하나님이 우리 삶에서 깨뜨릴 영역을 공략하기 시작하 실 때, 우리는 자연적으로 그 영역에 더 집착하는 성향이 있다. 일반적으로 우리는 하나님께 내어드리거나 복종해 야 할 부분이 무엇인지 알고 있다. 하나님이 깨뜨리는 과 정을 수년 동안 겪은 수많은 사람과 이야기하면서, 나는 이런 말을 반복해서 듣는다. "나는 하나님이 원하시는 것과 반대로 하고 있다는 것을 알았지만, 하나님 뜻대로 하지 않았습니다." 이 느낌은 직관적이고 말로 표현하지 못하고, 의식적이기보다는 무의식적이다. 그런데도 거기에는 자기 삶의 일부분을 하나님에게서 떼놓고 있다는 자각이 있다.

왜 우리는 내어놓기를 두려워하는가? 주도권을 잃고 싶지 않은 자만심 때문이다.

우리는 우리의 필요가 채워지고, 우리의 소원이 이루어지고, 만족할 만큼 하나님이 우리를 사랑하지 않을까 봐 걱정한다. 중요한 무엇인가가 부족한 채, 무엇인가 좋은 것을 놓치면서, 경험하고 싶은 무엇인가를 경험하지 못하고 살아가게 될 것을 두려워한다.

자신에게 정직하게 물어보라.

"하나님이 당신을 얼마나 사랑한다고 생각합니까?"

남편이 오랫동안 병을 앓다가 죽은 뒤 나를 만나러 온 여자에게 이 질문을 한 적이 있다. 그녀는 하나님께 화가 나 있었고 불쑥 이렇게 말했다.

"내가 하나님을 가장 필요로 했을 때 하나님은 나를 버렸어요."

하나님은 절대로 우리를 버리지 않는다고 분명하게 말했다. 하나님은 언제나 그분의 임재를 확인시켜 주신다. 문제는 고난의 시간에 하나님이 그녀를 버리신 것이 아니라, 오히려 그 시간에 그녀가 하나님이 아닌 사람들과 다른 것을 의지한 것이다. 그녀가 하나님을 버렸다. 당시에는 그녀가 이 사실을 받아들이지 못할 것을 알았다. 나는 이 사실을 직설적으로 말하는 대신 이렇게 질문했다.

"하나님이 당신을 얼마나 사랑한다고 생각합니까?"

그녀는 고통스럽게 말했다. "하나님은 나를 조금도 사랑하지 않는 것 같아요."

"그것은 가능한 일이 아닙니다. 만약 그렇다면 온 세상의 역사 속에서 하나님이 사랑하지 않는 유일한 사람일 것입니다."

그녀는 매우 놀라는 것 같았다. 나는 계속해서 말했다. "요한일서 4장 8절은 하나님은 사랑이라고 말합니다. 사랑은 하나님의 으뜸가는 속성입니다. 그리고 하나님의 속성이 어떠하든지 간에, 하나님의 속성은 무한하고, 순수하고, 완전합니다. 하나님의 본성은 변하지 않습니다. 하나님이 한 사람을 사랑하신다면, 하나님은 모든 사람을 사랑하십니다."

그녀가 말했다. "그러면 어떻게 된 건가요? 왜 하나님은 내 남편을 병에 걸리게 하고, 많은 고통을 겪게 하고, 죽게 하신 건가요? 하나님이 나를 사랑하는데 어떻게 그런 일이 일어날 수 있죠?"

나는 말했다. "나는 모릅니다. 하나님이 왜 그렇게 하시는지 알지 못합니다. 하지만 하나님은 한순간도 당신과 당신 남편을 사랑하지 않은 적이 없다는 것은 알고 있습니다. 지금 당신은 하나님께 화가 났을 것입니다. 앞으로도 하나님이 도와주지 않을 것 같은 두려움 때문입니다."

그녀는 조용히 고개를 끄덕였고 눈에는 눈물이 가득했다.

나는 말했다. "당신에게 확신을 드리고 싶습니다. 하나님은 당신과 함께하실 것입니다. 장래에 하나님이 당신을 위해 준비하신 것을 나는 알지 못합니다. 하지만 이것만은 알고 있습니다. 하나님은 당신이 하나님을 온전히 의지하기 원하십니다. 하나님은 당신이 천국을 향해 가는 모든 발걸음에 날마다 하나님을 의지하기 원하십니다."

하나님이 우리를 사랑하지 않는다고 또는 충분히 사랑하지 않는다고 믿는다면, 하나님을 신뢰하지 않는 것이다.

신뢰의 문제는 필연적으로 사랑의 문제다. 지금 자기 자신에게 물어보라.

- 당신에게 영원한 유익이 되는 것을 하나님이 빼앗으실까?
- 하나님이 원하시는 모습으로 만드는 것을 하나님이 떼어놓으실까?
- 당신이 영적 축복받은 것을 하나님이 가져가실까?
- 당신을 성장시키고, 당신에게 덕을 세우고, 당신을 강건하게 하고, 살아가면서 좋은 성품을 갖게 하는 것을 하나님이 빼앗으실까?
- 당신에게 만족, 평화, 기쁨을 줄 수 있는 것을 하나님이 가져가실까?
- 당신의 잠재력을 최대한으로 발휘하는 데 도움이 되는 것을 하나님이 가져가실까?

아니다!

하나님은 우리 것을 훔쳐 가지 않는다. 하나님은 사랑하는 사람을 죽이거나 멸망시키지 않는다. 마치 잔인한 농담을 던지는 것처럼 자녀의 것을 빼앗지 않는다. 예수님은 "도둑이 오는 것은 도둑질하고 죽이고 멸망시키려는 것뿐이요 내가 온 것은 양으로 생명을 얻게 하고 더 풍성히 얻게 하려는 것이라"(요 10:10)고 말씀하셨다.

모든 상황과 환경 속에서 하나님은 우리 삶의 어떤 영역에서 일하고 계신다. 우리가 어떤 모습의 사람이 되고, 무엇을 이룰 것인가에 대해 하나님이 원하시는 대로, 우리도 하나님과 똑같은 것을 원하도록 하나님은 일하고 계신다. 하나님은 우리 마음에 소원을 갖도록 우리를 빚고 계신다. 하나님이 원하시는 것을 우리도 소원하도록 우리 마음을 만들고 계신다. 하나님은 우리 영 안에서 일하면서 하나님의 뜻을 알고 그 일을 갈망하게 하신다. 그리고 우리가 하나님이 창조하신 모습으로 회복되도록 우리 안에서 깨어져야 할, 산산이 부서져야 할 무엇인가를 발견하실 때마다 일하신다.

'우리의 반응'이라는 장애물

우리가 깨어짐의 결과를 결정한다. 우리는 깨어짐에 분노, 비통함, 증오로 반응할 수 있다. 환경에 대해 불평할 수 있다. 우리에게 고통을 주는 사람들에게 주먹을 휘두를 수 있다. 자유의지가 있기 때문에 이러한 선택은 가능하다.

그러나 축복받는 길은 우리를 치유하시고 온전하게 하는 하나님을 의지하는 데 있다. 우리는 하나님께 복종하고 하나님을 신뢰할 것인지를 결정한다.

온전함은 하나님이 의도하신 깨어짐의 결과다. 온전할 때 열매 맺을 수 있다. 열매 맺을 때 우리 삶에서 성취감, 평안, 기쁨을 얻는다.

예수님은 고침 받으려고 나아오는 사람들에게 "너희는 온전하라(Be thou made whole)"고 반복해서 말씀하셨다. 온전함이 아니면 안 될 것이다. 하나님을 온전히 믿어야 한다. "전적으로, 오로지(wholly and solely)" 하나님을 신뢰해야 한다. 우리가 그렇게 할 때, 하나님이 우리를 온전하게 하신다.

05

온전함의 의미

많은 사람이 온전함에 대해 생각하면 자연스럽게 건강, 질병, 상처, 혹은 죽음의 문제를 떠올린다. 그러나 온전함은 영, 혼, 몸의 조화 문제다. 건강하고, 건전하고, 금방 원기를 회복하도록 우리 삶의 모든 면과 요소들이 상호 연관을 맺고 살아가는 것을 말한다.

하나님이 우리를 깨뜨리실 때, 하나님의 목적은 다시 만드시는 것이다. 예전보다 더 나은 모습으로, 궁극적으로는 온전하게 만드시는 것이다.

바울은 데살로니가 교인들을 위해 놀라운 기도를 드리

면서 온전함을 언급했다.

"평강의 하나님이 친히 너희를 온전히 거룩하게 하시고 또 너희의 온 영과 혼과 몸이 우리 주 예수 그리스도께서 강림하실 때에 흠 없게 보전되기를 원하노라"(살전 5:23).

우리를 향한 하나님의 목적은 우리를 깨뜨리고 축소하는 것이 아니라, 온전하게 하고 배가시키는 것임을 언제나 믿어야 할 것이다.

온전함은 우리의 모든 존재를 포괄한다

온전함의 몇 가지 중요한 원리를 이야기하려 한다. 첫째로 우리 존재는 세 가지 요소, 즉 영, 혼, 몸으로 이루어졌다는 사실을 알아야 한다.

몸은 우리가 주위 환경과 교류하는 방법이다. 우리에게는 오감이 있어서 냄새를 맡고, 보고, 맛보고, 듣고, 만진다. 우리는 물리적 세상과 상호작용할 수 있도록 물리적인 외피를 입고 살아간다.

우리에게 혼(마음, 의지, 감정, 양심, 의식)이 있다. 혼을 볼 수는 없지만, 우리의 일부임은 알고 있다. 혼은 다른 사람들과 관계를 맺는 수단이다. 우리는 자신이 다른 사람과 관계를 맺고 있음을 자각한다. 혼의 단계에서 다른 사람들과 웃을 수 있고, 다른 사람을 사랑하고, 다른 사람의 사랑을 받을 수 있다. 다른 사람에게 질투를 느끼고 분노하고 증오할 수도 있다. 우리의 의지와 마음으로 세상에서 어떻게 행동할 것인지를 선택한다. 그리고 다른 사람에게 어떻게 행동할 것인지를 선택한다.

또한 우리는 영(내적 인격)을 가지고 있다. 우리는 영으로 전능하신 하나님과 교제한다.

아담과 하와가 에덴동산에 있을 때, 그들은 완벽한 몸과 완벽한 혼과 완벽한 영을 가지고 있었다. 하나님은 그들에게 물질적인 세계를 지배하게 하셨다. 그리고 하나님과 함께 완벽한 조화를 이루며 살고 있었다.

하나님은 에덴동산에 있는 특정한 나무에 대해 말씀하셨다. "선악을 알게 하는 나무의 열매는 먹지 말라 네가 먹는 날에는 반드시 죽으리라 하시니라"(창 2:17).

아담과 하와는 먹었고 그들은 죽었다. 불순종으로 즉시 죽은 것은 무엇일까? 그들의 몸은 아니었다. 그 후로 수백 년간 살았기 때문이다. 그들의 혼도 아니었다. 그들은 여전히 서로 간에 그리고 자녀와 관계를 맺고 있었다.

죽은 것은 영적으로 하나님과 교제할 수 있는 능력이었다. 바울은 "그는 허물과 죄로 죽었던 너희를 살리셨도다 그 때에 너희는 그 가운데서 행하여 이 세상 풍조를 따르고 공중의 권세 잡은 자를 따랐으니 곧 지금 불순종의 아들들 가운데서 역사하는 영이라"(엡 2:1, 2)고 기록한다.

범죄는 내적 죽음의 상태다. 사람은 몸의 영역에서 잘 살아갈 수 있고, 혼의 영역에서도 잘 살아갈 수 있다. 그러나 예수 그리스도를 통해 하나님과 올바른 관계를 맺지 않으면 영의 영역에서 죽은 것이다. 오직 예수 그리스도를 믿는 사람만 온전한 사람이 될 수 있는 잠재력이 있다. 영이 그리스도 안에서 살아 있지 않으면, 사람의 영적 요소는 그 존재의 나머지 부분과 협력 관계에 있지 않기 때문이다. 우리가 단지 좋은 몸을 가지고 물리적 세상과 좋은 관계를 맺어도, 좋은 혼을 가지고 다른 사람과 좋은 관계를 맺고 있어도 온전해질 수는 없다. 온전하기 위해서는 깨끗한 영을 가져야 하고 하나님과 좋은 관계를 맺어야 한다.

성경은 예수 그리스도를 구주로 영접할 때 성령이 오셔

서 우리 안에 내주한다고 말한다. 하나님의 성령은 우리 영이 하나님의 영과 연합할 수 있게 하신다. 그분은 생명이시기 때문에 우리 영은 살아나게 된다. 성령이 우리 안에 거하실 때, 우리는 하나님께 민감해지고, 하나님을 의식하게 되고, 하나님과 살아 있는 관계를 맺게 된다. 이 관계로 우리는 하나님께 말할 수 있고, 하나님은 우리에게 말씀하실 수 있다. 우리는 하나님 말씀을 이해하고 성령님의 인도와 지시를 받는 새로운 방법에 눈뜨게 된다. 또한 죄와 그 죄를 깨닫게 하시는 성령님의 능력에 더 민감해진다. 우리 영은 새롭게 거듭난다. 우리는 영적 새 생명을 갖게 된다.

문제가 있다. 불신앙의 세상은 거룩한 영적 삶에 대해 아무것도 알지 못한다. 형식적으로 영적인 의식을 따를 때, 형이상학적인 영역에 들어갈 때 영적인 사람이라고 생각한다. 그러나 이것은 경건한 영성이 아니다. 성령님이 계시지 않은 영성은 어떤 것도 악에 근거한 것이다. 그러나 대부분 불신앙의 세상은 영적인 것에 관심이 없다. 세상의 철학은 "좋아 보이면 가져라. 느낌이 좋으면 만져라. 냄새가 좋으면 가져라. 맛이 좋으면 많이 먹어라. 소리가 좋으면 계속 들어라" 하는 것이다. 세상은 감각과 욕구에 따라 살아간다.

우리 모두에게는 욕구가 있다. 아름다운 것을 보고 싶고, 경험하고 싶어 한다. 음식에 대한, 물에 대한, 성에 대한 욕구가 있다. 또한 혼의 영역에서 인간관계를 맺고 싶은 욕구가 있다. 우리는 사랑에 대해, 성장에 대해, 배움에 대한 갈망이 있다. 스스로 움직이고 표현할 수 있는 독립심과 자유에 대한 욕구가 있다. 그러나 하나님과의 관계를 맺지 않으면 이러한 욕구는 자신의 힘을 따라서만 움직인다. 그런 사람들은 성경이 말하는 육체의 '정욕(lusts)', 즉 몸과 혼의 영역에서 좋아 보이는 모든 것을 게걸스럽게 탐하는 상태로 타락한다. 충동적으로 움직이는 욕구 때문에 오늘날 우리가 보게 되는 인간관계, 경제, 사회 전반적인 문제가 일어나고 있다.

성령님이 내주하는 그리스도인은 새로운 '통제 시스템'을 가진 사람이다. 성령님은 몸과 혼의 모든 욕구, 소원, 충동을 영의 지배 아래 두신다. 우리가 창조될 때의 거룩한 순서, 즉 '몸 위에 혼, 혼 위에 영'이라는 순서가 다시 세워진다. 그러면 온전함을 경험할 수 있다.

따라서 우리를 온전하지 못하게 만드는 것은 영의 반역이다. 온전해지지 못하게 가로막는 방해물은 궁극적으로 영에 속한 것이다. 그중에는 다음과 같은 것들이 있다.

- 믿음 부족
- 교만
- 탐욕
- 분노
- 증오
- 비통함
- 두려움

하나님은 우리를 온전함으로 이끄시기 위해 온전하지 못하게 만드는 우리 삶의 영역을 다루셔야 한다. 그 영역은 우리에 대한 하나님의 충만하신 소원에서 우리를 분리하는 것의 중심에 있다.

온전함은 피상적인 것 그 이상이다

대부분 사람의 문제는 일상생활에서 부딪히는 다양한 상황과 환경에 관련된 영적 원리를 보지 않는다는 것이다. 영적으로 거듭났음에도 불구하고 예전 모습으로 살아간다. 즉 습관적으로 자기 의지대로 살아가는 것이다. 그들은 문제를 표면적으로 보고 삶에 피상적으로 반응한다.

우리가 하나님의 관점으로 삶을 보기 시작하면, 삶의 기저에는 끝없이 흐르는 영적 흐름이 있음을 알게 된다. 모든 삶은 영적 차원에서 시작된다. 우리의 욕구와 생각, 감정은 영에 의해 동기가 유발되고, 혼을 통해 흘러나와 몸을 통해 표현된다. 다른 사람들과 관계 맺는 모든 행동, 즉 우리가 보는 것, 우리가 하는 일, 우리가 보는 사람, 그리고 그 이유 등에는 영적 차원과 목적이 있다. 육체적 · 정신적 · 감정적 차원에서 행하는 모든 일에는 영적 측면이 있다.

자신의 깨어짐을 생각할 때, 단지 표면만을 보는 것이 우리의 자연스러운 성향이다. 우리 사회에서는 상황적 · 관계적 차원에서 '깨어짐(brokenness)'을 묘사하기 위해 '깨지다(break)'라는 단어를 여러 가지 뜻으로 사용한다.

- 누군가 지쳐 있거나 심각하게 쇠약해졌을 때, 그 사람
  의 건강이 'broken(건강이 쇠약해지다)'하다고 말한다.
- 부부가 불화 상태에 있을 때, 'broke up(부부 사이가 안
  좋거나 이혼하다)'이라고 말한다.
- 재정적 손실로 어려움을 겪을 때, 'going broke'(파산하
  다)이라고 말한다.

대부분 우리는 깨어질 때, 깨어짐에 대한 관점을 신체
적·감정적 영역에만 제한시킨다.

깨어짐을 겪고 있을 때 생각해야 할 더 중요한 질문은
이런 것이다.

- 내 삶의 영적 영역에 무슨 일이 일어나고 있는가?
- 나와 하나님과의 관계에서 하나님이 원하시는 것은 무
  엇일까?
- 나를 회복시키시고, 나를 새롭게 하고, 나를 다시 만드
  시고, 하나님과의 관계를 새롭게 하기 위한 깨어짐의

시간에 하나님은 어떻게 일하실까?

• 나를 더 온전하게 하시려고 하나님은 이 상황과 환경 속에서, 이 상황과 환경을 통해서 어떻게 일하실까?

이런 질문들은 우리를 곧바로 하나님의 목적으로 되돌아가게 한다. 하나님의 목적은 하나님과 전적인 신뢰 관계를 맺게 하심으로, 하나님이 우리를 영적으로 강하고, 하나님께 온전히 순종하고, 하나님의 인도하심에 복종하는 온전한 남자와 여자로 쓰시기 위해서다.

하나님의 목적은 항상 궁극적으로 영적 수준에서 이루어진다. 외부 상황은 바뀔 수도 있고 바뀌지 않을 수도 있다. 분명히 외부 상황은 하나님의 시간표에 의해서만 변화한다. 깨어짐의 시기에 우리가 할 일은 하나님이 우리 삶에서 하시는 일뿐만 아니라 그분의 시간표에도 복종하는 것이다. 온전함은 빨리 혹은 쉽게 오지 않을 수도 있지만 기다릴 만한 가치가 있다.

온전함에는 시간이 필요하다

바울은 고린도 교회에 편지했다.

"그러므로 우리가 낙심하지 아니하노니 우리의 겉사람은 낡아지나 우리의 속사람은 날로 새로워지도다 우리가 잠시 받는 환난의 경한 것이 지극히 크고 영원한 영광의 중한 것을 우리에게 이루게 함이니 우리가 주목하는 것은 보이는 것이 아니요 보이지 않는 것이니 보이는 것은 잠깐이요 보이지 않는 것은 영원함이라"(고후 4:16-18).

자신이 깨어지고 있음을 깨달을 때, 자신의 회복을 위해 방법론이나 시간표를 미리 결정하지 않도록 조심해야 한다. 하나님은 단계적으로 그분의 계획과 목적을 보여 주실 것이다. 하나님이 우리를 위한 전체 계획을 한 번에 보여 주시는 경우는 매우 드물다. 하나님은 우리에게 날마다 한 걸음씩 하나님을 신뢰하라고 명령하신다.

우리가 날마다 낡아지는 것처럼 보일 수도 있지만, 하나님이 행하고 계시는 내적 사역의 표면 아래를 들여다보면 우리는 날마다 성장하고 강해지고 있다.

치명적인 질병으로 고통을 겪고 있는 사람들에게 이런

일이 매우 자주, 수없이 일어나는 것을 볼 수 있다. 그의 겉사람은 문자 그대로 낡아지는 것처럼 보인다. 하지만 그들이 하나님을 의지하고, 그들의 삶에 대해 하나님께 전적으로 복종하고 신뢰할 때, 내면의 아름다움과 영적 강건힘은 육체적 영역에서 일어나고 있는 모든 것을 차단하고 능가하는 무엇인가를 계발하기 시작한다. 그들의 몸이 치료될 때도 있지만, 그렇지 않을 때도 있다. 그러나 영원히 중요한 것은 그들의 영이 치유된다는 것이다. 하나님이 우리 영 안에서 일하실 때, 우리는 우리 존재의 가장 귀중한 요소, 즉 정말로 우리 삶의 영원한 요소가 강건해지고, 성장하고, 깨끗해지고 있다는 것을 솔직히 인정해야 한다. 이것은 진실로 중요한 온전함의 차원이다.

또한 우리는 얼마나 오랫동안 발버둥치고 있든지 간에 시련의 기간은 정말 순간임을 인정해야 한다. 수년 동안, 혹은 수십 년 동안 상처나 깨어짐의 시간을 겪을지라도 영원과 비교하면 어떻겠는가? 유한한 시간과 무한한 시간 사이에는 어떤 수학적 계산도 불가능하다. 우리는 현명하게 균형을 유지해야 한다. 외부 환경과 상황에서 겪고 있는 일은 언젠가는 변화될 것이다. 우리 내부와 영의 영역에서 일어나는 일은 영원히 변하지 않을 수도 있다.

바울은 고린도 교인들에게 보이지 않는 것에 주목하라고 말한다. 바울의 말은 깨어짐을 겪는 우리에게 좋은 충고다. 아무리 상황이 좋지 않더라도, 우리의 삶을 하나님께 드리기만 하면, 하나님은 선한 것과 영원한 것을 창조하는 일을 하신다. 하나님은 우리를 온전하게 만들고 계시고, 보이지 않는 영적 차원에서부터 이 일을 시작하신다. 하나님은 모든 것을 올바른 순서대로 돌려놓고 계신다. 영이 첫 번째고 혼이 두 번째며 몸이 세 번째다.

몇 년 전에 나는 육체적으로 심각한 탈진 상태에 빠진 적이 있다. 주치의는 휴식을 처방했다. 일주일이나 이주일이 아니라 필요하면 몇 달을 쉬어야 한다고 말했다. 사역자들도 이에 동의했다. 나는 해변을 걷고 생각하고 기도하는 것 외에는 아무것도 할 일이 없는 작은 섬으로 갔다. 그런데 휴식이 너무 지나쳤다. 나는 집으로 돌아가 내 집을 짓고 있는 '목수의 조수'가 되는 것이 훨씬 더 나은 치료 방법임을 깨달았다. 처음에는 시간제로, 그다음에는 전임 사역으로 목회자로서의 사역을 다시 감당하기 시작했다.

그동안 나는 건강을 회복했을 뿐만 아니라 내 삶과 사역에 대한 새로운 관점을 갖게 되었다. 나는 몇 가지 어려운 질문에 직면했다. 핵심 사역자들에 대한 권위를 포기하고 하나님이 그들 안에서, 그들을 통해 일하시도록 내어드릴 것인가, 아니면 모든 결정과 모든 프로그램의 세부사항에서 내 자신이 모든 짐을 질 것인가? 휴식을 위한 시간을 낼 것인가, 아니면 일주일 내내 일하는 일정표를 유지할 것인가? 긴장을 늦추고 기도하는 방법을 배울 것인가, 아니면 계속 일만 하고 놀지 못하는 사람이 될 것인가?

진짜 문제는 믿음의 문제였다. 나는 하나님을 믿을 것인가, 아니면 내 자신을 믿을 것인가?

내가 처음으로 휴식을 취하고 약 여섯 달 후에, 주일 아침 강단에서 내 자신에게 '내가 회복되었어'라고 말했다. 에너지가 충전되었고, 올바른 관점을 갖게 되었고, 그리고 가장 중요한 것은 하나님과의 관계가 더 깊어지고 풍성해진 것이다.

이 경험의 지속적인 측면은 육체적 영역이 아니었다. 나는 여전히 피곤하고 휴식이 필요하다. 인간관계에서도 효과는 지속되지 않았다. 나는 여전히 너무 많은 일을 떠맡고 너무 열심히 일한다. 나에게 이 경험의 진짜 효과는 하나님이 내 인생의 부조종사가 아니라 주조종사라는 영적 깨달음을 얻은 것이다. 나는 하나님께 주도권을 모두 내어 드렸다.

몇 달간의 참된 유익은 하나님 안에서 안식하는 법을 배운 것이다. 나는 하나님의 뜻 안에서 긴장을 늦추는 법을 배웠다. 그리고 하나님이 그분의 계획과 목적을 내 앞에 보여 주시도록 하는 방법을 배웠다. 지금은 하나님이 영적으로 나를 슬쩍 찌르셔서 내게 휴식이 필요할 때와 앞으로 나아가야 할 때를 알게 하신다. 내 인생은 나의 것이 아니다. 하나님의 것이다.

온전함은 하나님을 영화롭게 한다

하나님 나라에서 당신과 나는 하나님의 트로피가 될 것이다. 우리는 은혜의 트로피, 그리스도의 죽으심, 장사되심, 부활하심의 트로피, 우리 삶에서 성령님의 역사하심의 트로피다. 우리의 목적은 하나님께 영광을 돌리는 것이다. 우리의 가장 큰 영광은 우리가 성취할 수 있고 우리 힘으로 할 수 있는 것에 있지 않고, 오직 하나님이 우리 삶에서 행하시게 해서 하나님께 영광을 돌리는 것에 있다. 우리의 왕관을 하나님의 발 앞에 내려놓고, 부끄러움, 잘못, 결점, 어두움이 없는 모습으로 하나님께 드려지는 것보다, 우리에게 더 큰 만족이나 더 큰 영광은 없다.

우리는 종종 현재의 삶은 내세의 삶을 위한 준비라는 사실을 잊어버린다. 이 땅에서 우리는 학교에 다니고 있다. 이는 우리가 배우고 성장하고 발전하는 과정의 하나다. 우리는 성장하는 과정에 있다. 우리가 하나님의 목적에 순종할 때, 이 과정은 온전함을 이루는 것이다. 나의 의지가 궁극적으로 완전히 깨어질 때, 마음, 혼, 생각, 몸, 영, 그리고 모든 것이 하나님께 속하게 된다. 그렇게 될 때, 내 삶은 전적으로 완전히 하나님의 책임이다. 나는 하나님이 원하는 대로 행하시는 그분의 것이다. 그리고 친구들이여, 그때가 바로 인생에서 흥미진진한 일이 시작되는 바로 그 시점이다.

06

영적으로 성숙해지는 과정

우리가 지금의 자리에서 하나님이 원하는 자리로 가는 길, 즉 하나님에 대한 전적인 복종과 전적인 온전함의 자리로 가는 길을 영적 성장이라고 한다. 영적 성장의 궁극적인 결과나 목적은 영적 성숙이다. 하나님은 우리가 성숙해지도록 우리를 깨뜨리신다.

영적 성장에는 변화, 성장, 깨어짐이라는 세 가지 측면이 있다.

변화

첫 번째, 변화는 성숙하는 과정의 일부분이다. 우리가
변화하지 않으면, 성장하지 않으면, 영적으로 성숙하지 못
할 것이다. 예전의 방식, 예전의 생각, 예전의 감정, 하나
님과 성령님과 그리스도인의 삶에 대한 예전의 잘못된 개
념을 고집하면서 하나님이 원하시는 모습으로 성장할 수
는 없다. 성숙하기 위해서는 긍정적이고 유익한 변화를 받
아들이는 의지가 필요하다.

성장

두 번째, 변화와 밀접한 관계가 있는 성장이다. 모든 변
화가 성장으로 이어지지는 않는다. 하지만 모든 성장은 변
화라는 특징이 있다. 영적 성숙은 모든 판단, 생각, 감정,
행동에 있어서 온전히 그리스도를 닮아갈 때까지 '자라가
는 것'을 뜻한다. 베드로후서 3장 18절은 "오직 우리 주 곧
구주 예수 그리스도의 은혜와 그를 아는 지식에서 자라 가
라"고 말한다.

자연 세계의 모든 것은 과학자들이 말하는 '성장 환경 (growth medium)' 속에서 성장한다. 과학 실험실에서 성장 환경은 때로는 토양이고, 때로는 물이고, 때로는 어떤 화학물질이다. 영적 성숙을 위한 성장 환경은 사랑이다. 우리는 서로 사랑할 때 영적으로 성장한다. 바울 사도는 이렇게 말했다.

"오직 사랑 안에서 참된 것을 하여 범사에 그에게까지 자랄지라 그는 머리니 곧 그리스도라 그에게서 온 몸이 각 마디를 통하여 도움을 받음으로 연결되고 결합되어 각 지체의 분량대로 역사하여 그 몸을 자라게 하며 사랑 안에서 스스로 세우느니라"(엡 4:15, 16).

우리의 성장은 독립심을 향해 나아가는 성장이 아니다. 독립심은 자연적 · 물리적 세계에서의 성장 양식이다. 어린아이는 성장하면 부모에게서 독립한다. 영적 성장의 특징은 주 예수 그리스도를 점점 더 의존하게 되는 것이다. 궁극적인 영적 성숙은 우리 삶을 통치하시고 인도하시고 지켜주시도록 성령님께 전적으로 의존하는 상태다.

깨어짐

세 번째, 깨어짐이다. 변화하고 성장하고 싶다면 우리를 뒤로 물러나게 하고 아래로 밀어 내리고, 하나님의 최선을 받을 수 있는 자리에 있지 못하게 만드는 것에서 떠나야 한다. 온 힘을 다해 붙들고 있는 것을 기꺼이 포기해야 한다.

모세의 깨어짐

성장의 세 가지 측면은 모세의 삶에서 분명히 볼 수 있다. 성경에서 모세 이야기는 실제로 야곱의 아들인 요셉에게서 시작된다. 요셉은 형제들에 의해 노예로 팔렸다. 극적이고 어려웠던 일련의 상황들을 거치면서 하나님이 개입하셨고, 요셉은 노예에서 이집트의 총리가 되었다.

국가 지도자가 된 요셉은 7년 흉년의 피해에서 이집트를 구할 수 있었다. 이 흉년은 광범위해서 요셉의 가족이 사는 가나안까지 영향을 미쳤다. 요셉의 형제들은 식량을 구하러 이집트로 내려갔고, 그로 인해 가족들이 다시 모이게 되었다. 당시 약 70명이었던 요셉의 가족은 이집트로 내려와 기근을 면하게 되었다.

모세가 태어날 때쯤, 이스라엘 자손은 250만 명에서 300만 명으로 증가했다. 요셉이 죽은 후, 이스라엘 백성을 좋아하지 않는 왕이 이집트를 다스리게 되었다. 이집트 왕은 "그 백성에게 이르되 이 백성 이스라엘 자손이 우리보다 많고 강하도다 자, 우리가 그들에게 대하여 지혜롭게 하자 두렵건대 그들이 더 많게 되면 전쟁이 일어날 때에 우리 대적과 합하여 우리와 싸우고 이 땅에서 나갈까 하노라"(출 1:9, 10)고 말했다.

왕은 이스라엘 백성에게 감독을 세우고 강제 노역으로 압제하기 시작했다. 성경은 "그러나 학대를 받을수록 더욱 번성하여 퍼져나가니 애굽 사람이 이스라엘 자손으로 말미암아 근심하여 이스라엘 자손에게 일을 엄하게 시켜"(출 1:12, 13)라고 기록한다. 이스라엘의 부흥을 막기 위해 마침내 바로는 이스라엘 백성 중에 남자 아기가 태어나면 죽이라는 명령을 내린다.

모세는 이 명령이 내려진 후에 태어났다. 하지만 그의 어머니는 아들을 죽이지 않았다. 어머니는 작은 상자를 만들고 그 안에 모세를 넣어 나일강에 띄워 보내고, 누이인 미리암에게 근처에서 몰래 살펴보도록 했다. 하나님의 섭리로 바로의 딸이 바구니를 타고 떠내려오는 어린 모세를 발견하고 그를 양자로 삼았다. 미리암이 모세의 유모가 될 수 있는 사람이 있다고 하자 바로의 딸은 받아들였고, 모세의 친어머니가 어린 모세를 양육할 수 있는 특권을 갖게 되었다.

장성한 모세는 이스라엘 백성이 힘든 노역을 강요당하는 곳에 가게 되었다. 모세는 히브리 사람을 때리는 이집트 사람을 보았다. 모세는 이집트 사람을 죽이고 모래 속에 묻었다. 모세는 아무도 보지 못했을 거라고 생각했다. 하지만 당황스럽게도 다음 날 모세가 두 명의 히브리 사람이 싸우는 것을 말리려고 했을 때, 그들 중 한 사람이 "누가 너를 우리를 다스리는 자와 재판관으로 삼았느냐 네가 애굽 사람을 죽인 것처럼 나도 죽이려느냐"(출 2:14)고 말했다. 모세는 자신의 죄가 탄로 난 것을 알고, 즉시 미디안으로 도망갔다. 40년 동안 모세는 광야에서 장인 이드로를 위해 목동으로 일했다.

모세는 바로의 아들로 살았던 왕궁을 떠나 망명자가 되

어 광야에서 천한 양치기가 되었다. 분명히 모세는 깨어지고 있었다.

모세의 삶에서 깨어져야 할 것은 무엇일까? 여기 한 사람이 있다. 그는 매우 유능하고, 굉장한 배경과 자격을 갖추었고, 특권과 권력, 장래성과 지위가 있으며, 무한한 자원을 이용할 수 있는 사람이다. 바로는 그에게 중요한 직책을 주었다. 하나님의 백성을 이집트의 노예 생활에서 이끌어내어 가나안으로 가게 할 수 있고, 또 그런 자격을 갖춘 사람을 선택한다면, 모세는 손꼽히는 후보자 중 한 사람이다. 세상의 관점에서 보면 모세는 백성의 지도자가 되는데 필요한 모든 것을 가지고 있었다. 광야에서의 40년은 왜 필요했던 것일까?

모세는 변화되어야 했다. 하나님은 모세가 '자기 의존'에서 벗어나 '하나님을 전적으로 의지하는 자세'를 갖도록 변화시켜야 했다.

전반적으로 이스라엘 백성은 이집트 문화에 동화되고 있었고, 모세도 마찬가지였다. 그들은 이집트 문화의 많은 부분을 받아들였고, 심지어 이집트의 신들을 숭배하기 시작했다. 어쨌든 그들은 모세가 등장하기 전까지 400년 동안 이집트에서 살았다.

하나님은 모세가 이집트 문화에 동화된 부분을 다루셔야 했다. 그래야 하나님이 그분의 백성을 이집트에서 구원하실 때 오직 하나님만이 영광받으시고 하나님만이 그 일을 행하셨다고 인정받을 수 있었다. 그렇게 될 때, 오직 그렇게 될 때만, 이스라엘 백성은 오직 하나님만 신뢰해야 한다는 것을 알 수 있었다. 모세를 깨뜨리신 하나님의 목적과 이스라엘을 깨뜨리실 때의 목적은 거의 비슷하다. 즉 이스라엘 백성을 다시 한번 하나님의 백성으로 만들기 위해서다.

모세를 깨뜨리면서 하나님은 모세가 어린아이와 청년이었을 때 알았던 모든 것을 제거하셨다. 광야로 내몰리는 과정에서 모세는 가족, 왕궁, 특권, 유명세, 세력, 권력, 자존심을 잃었다. 그는 모든 것을 잃었다.

모세는 가장 멋진 옷을 입고, 가장 멋진 전차를 타고, 최고의 종들에게 시중을 받았으며, 다른 사람들의 충성을 받는 것이 어떤 것인지 알고 있었다. 광야에 있는 동안 모세는 이름 없는 곳에서 초라한 목동 옷을 입고 양을 치는, 맨발로 걸어 다니고, 양무리 외에는 아무것도 없는 자신을 알게 되었다. 그의 집은 왕궁이 아니라 장막이었다. 그는 일상적인 육체노동을 했다. 여러 면에서 모세는 히브리 백성과 똑같은 정체성을 경험하고 있었다.

수년 동안 하나님은 모세의 영과 혼의 많은 부분을 변화시키셨다. 모세는 자기중심적인 모습에서 하나님 중심적인 모습으로 변화되었다. 모세는 하나님의 방법과 성공에 대한 하나님의 정의를 배웠다. 모세는 사람들이 보기에 대단한 사람이 되고 하나님 보시기에 하찮은 사람이 되기보다는, 하나님 보시기에 대단한 사람이 되고 사람들이 보기에 하찮은 사람이 되는 것이 낫다는 것을 배웠다.

하나님 외에 모든 것을 버리다

'하나님은 쓰시려고 계획하신 모든 사람에게 똑같이 행하실까?'라고 생각할지 모르겠다. 한편으로 당신은 바로의 아들이 아니기 때문에 모세 인생의 세부적인 일들이 당신에게도 적용될 것이라고 나는 생각하지 않는다. 그러나 하나님의 목적을 위해, 우리를 쓰시기 위해, 우리 각자를 깨뜨리실 때 하나님은 이와 같은 원리를 사용하신다. 우리 삶에 대한 하나님의 목적은 우리를 유명하고, 탁월하고, 특권을 가진 부유한 사람으로 만드시는 것이 아니다. 우리 삶에 대한 하나님의 목적은 우리를 '절대적으로 아무것도 아닌 상태'로 이끄셔서, 이 세상에서 가장 가치 있는 것은 하나님, 오직 하나님 한 분뿐임을 깨닫게 하시는 것이다.

자, 하나님이 결국에는 당신을 부유하게 하실지도 모른다. 하나님은 당신을 유명하게 하실지도 모른다. 하지만 그렇게 된다면, 이는 하나님이 하시는 일이며, 하나님의 목적을 위한 것이다. 그리고 당신이 전적으로 하나님을 의지하면, 하나님이 당신에게 부와 명예를 주셔도 그 부와 명예에 신경도 쓰지 않을 것이다. 실제로 당신에게 정말 하나도 중요하지 않을 것이다. 당신에게 아무 의미도 없을 것이다. 하나님이 주신 부와 명예를 당신 자신이 아닌 오직 하나님의 목적을 위해 사용할 수 있을 것이다.

하나님이 모세의 삶에서 깨어짐을 완성하시는 데 왜 40년이 걸렸는지에 대해 성경은 말하지 않는다. 우리가 생각할 수 있는 것은, 모든 원한, 적대감, 분노, 교만이 우리 삶에서 깨어질 때까지 하나님은 우리를 깨뜨리고 계속해서 깨뜨린다는 것이다. 이 과정이 얼마나 오래 걸리는지에 대해서 하나님은 상관하지 않는다. 오직 이 과정이 효과적인지에 관심이 있으시다. 모세가 전적으로 온전하게 하나님께 쓰임 받을 수 없었던 모든 특성을 그의 삶에서 제거하시는데 아마 40년이 걸렸을 것이다.

이집트의 어떤 상황들이 결정적인 순간에 이르는데, 혹은 이스라엘 백성이 노예 생활에 지칠 대로 지쳐서 하나님이 그들에게 주실 지도자를 기꺼이 따르는데 40년이 필요했을 수도 있다. 하나님의 시간은 온전히 다 차야 한다. 성경에는 거듭해서 "때가 차매" 하나님이 어떤 방법으로 행하셨다든가, 하나님의 뜻을 행할 사람을 일으키셨다는 말씀이 나온다. 하나님의 시간표는 우리의 시간표가 아니다. 하나님은 영원한 목적을 이루기 위해 시간을 도구로 사용하신다. 영원이라는 관점에서 40년은 아무것도 아니다.

실제로 모세처럼 깨어짐을 경험하고 싶은 사람은 아무도 없을 것이다. 모세에게 이 일은 지극히 어렵고 고통스럽고 삶이 해체되는 시간이었다. 40년 동안 모세는 자기 자신을 알아보지 못할 정도로 조각조각 갈라지고, 토기장이의 녹로에서 뭉개지고, 가지가 쳐지고, 끌로 조각되는 과정에 있었다. 광야에서의 40년을 전후로 그 이전과 그 이후의 모세는 완전히 다른 사람으로 보인다.

그리고 이 점이 중요하다. 이스라엘 백성을 이집트에서 이끌어내도록 하나님이 바로에게 보내셨던 모세는 바로에게서 도망쳤던 그 모세가 아니었다.

깨어짐은 당시 문화와 상충한다

깨어짐의 많은 부분은 우리 문화권에서 배우는 것과 충돌한다. 우리는 자신감을 느끼도록, 계획을 세우고 목표를 정하도록, 목적에서 물러나거나 양보하지 않도록 배운다. 우리 문화권의 모든 것은 모세가 바로의 왕궁에서 성장할 때 들었던 말과 똑같다. 모세를 성장시키기 위한 하나님의 '학교'는 이와 크게 달랐다. 광야에서 모세는 하나님을 의지하고, 하나님에게 자기 삶의 의제를 정하게 하고, 하나님이 요구하시는 것은 무엇이든지 하는 법을 배워야 했다.

물론 하나님을 의지하는 모습을 가장 잘 보여 주신 분은 예수님이다. 예수님은 제자들에게 "나를 본 자는 아버지를 보았거늘…내가 너희에게 이르는 말은 스스로 하는 것이 아니라 아버지께서 내 안에 계셔서 그의 일을 하시는 것이라 내가 아버지 안에 거하고 아버지께서 내 안에 계심을 믿으라"(요 14:9-11)고 말씀하셨다.

예수님은 하나님의 거룩한 계획대로 살았다. 그리고 이것이 하나님이 모세에게 원하시는 일이었다. 하나님이 우리에게 원하시는 일이기도 하다.

누군가 말했다. "영혼이 회심하는 것은 한순간이지만, 성도가 되는 데는 일평생이 걸린다." 회심은 즉각적으로 일어난다. 하지만 성숙은 수십 년이 걸린다.

나는 그리스도인들이 직업이나 사회적 지위뿐만 아니라, 그리스도인의 삶이라고 생각되는 부분에서도 최고라고 생각하는 자리에 올라가려고 몸부림치는 모습을 자주 본다. 그들은 모으고, 얻고, 쌓아놓고, 자기 것으로 만들고, 정리하고, 대량으로 수집한다. 그러면서 영적 이력서와 업적의 긴 목록(위원회의 직함, 위원회의 지위, 명예 등)을 쌓아 올리고 있다. 아마도 언젠가 그 이력서를 하나님께 드리면서 "내가 하나님을 위해 한 일을 보십시오"라고 말할 수 있다는 희망을 품고 있을 것이다.

깨어짐을 통한 하나님의 역사는 우리에게 쌓아 올리지 말고 버리라고 말씀하신다. "내 모든 모습과 내가 가진 모든 것은 하나님의 것입니다. 하나님이 내 안에 계시고 하나님 안에 내가 있습니다. 중요한 것은 그것뿐입니다"라고 말하게 될 때까지, 하나님은 이것을 제하여 버리고, 저것을 제하여 버리고, 이 성격을 버리고, 저 습관을 버리고, 저 소원과 저 목표를 포기하고, 궁극적으로 우리의 모든 자아를 버리라고 명령하신다.

우리 삶에서 영적 성숙의 과정

하나님이 모세를 다루신 것과 똑같은 방법으로 당신을 다루지는 않을 것이다. 하지만 하나님은 비슷한 방법으로 당신을 다루실 것이다.

하나님이 당신의 삶에서 제거하고 있는 것은 무엇인가?

깨어짐에 대해 생각할 때, 당신의 마음에 떠오르는 것은 무엇인가?

하나님께 대한 전적인 순종과 당신 사이에 가로놓인 것은 무엇인가?

하나님을 신뢰하는 것보다 당신이 더 신뢰하는 것은 무엇인가?

하나님을 사랑하는 것보다 당신이 더 사랑하는 것은 무엇인가?

내가 아는 사람들은 하나님이 그들의 삶에서 제거하기를 원하시는 것이 무엇인지를 직관적으로 알고 있다. 그것을 어떤 단어로 표현하지는 못할 수도 있다. 하지만 '이것' 없이 살게 될까 봐, 아니면 '무엇'을 잃게 될까 봐 자신이 정말 두려워하는 것을 대부분 알고 있다.

우리는 서로 사랑해야 한다. 서로 귀중하게 여겨야 한다. 하지만 하나님보다 더 사랑하거나, 하나님과의 관계보다 더 귀중하게 여겨서는 안 된다.

우리는 열심히 일해야 하고, 선한 일을 해야 한다. 하지만 하나님과의 관계보다 우리의 일을 더 귀하게 여겨서는 안 된다. 그 일이 '하나님의 일'이라고 말할 수 있는 일이라도 그렇다.

우리는 다른 사람을 섬기고 다른 사람에게 그리스도를 전해야 한다. 하지만 하나님과의 관계보다 우리의 사역을 더 귀하게 여겨서는 안 된다.

우리가 영적으로 성숙할 때까지, 그 과정이 얼마나 오래 걸리든지 혹은 얼마나 어렵든지 간에 상관없이, 하나님은 우리를 깨뜨리시고, 우리를 변화시키시고, 우리를 성장시키실 것이다.

초자연적 사역을 위한 준비

하나님은 초자연적 사역(supernatural ministry)을 위해 누군가를 준비시킬 때 깨어짐을 사용하신다. 초자연적 사역은 영적으로 성숙한 사람들만 할 수 있다.

사역이라는 말에 당황하지 마라. 모든 그리스도인은 사역, 즉 다른 사람을 위해 봉사하도록 부르심을 받았다. 이것이 반드시 교회나 종교적인 기관에서의 전임 사역을 의미하지는 않는다.

한 여자 성도가 이렇게 말한 적이 있다. "내 친구들은 모두 사역에 부르심을 받은 것 같습니다. 그런데 나는 그저 한 남자의 아내이며 아이들 엄마일 뿐이에요."

마치 가정주부의 역할을 잊은 듯이, 그 역할의 중요성을 모르는 것처럼 웃으면서 말했다.

"당신은 가장 고귀한 사역 가운데 하나를 감당하고 있습니다"라고 나는 말했다.

그녀는 놀라서 나를 쳐다보았다. 나는 말했다. "자녀들이 하나님을 사랑하고 섬기도록 양육하는 일보다 이 세상에 더 중요한 사역이 무엇인지 말할 수 있습니까? 하나님의 지혜, 믿음, 인내, 사랑을 더 필요로 하는 사역이 무엇인지 말할 수 있습니까?"

"그런 생각을 하지 못했습니다"라고 그녀는 인정했다. 그리고 얼굴이 환해졌다. "내가 사역을 하고 있다는 생각이 듭니다."

정말 그렇다. 자녀들이 하나님을 향한 마음을 가지고 자라게 하는데 필요한 자질을 모두 생각해 보라. 거룩한 자녀로 키우기 위해 어머니가 감당해야 하는 희생, 시간, 기술, 지식, 분별력을 생각해 보라. 어머니들이 하는 사역의 책임이나 역할을 과소평가해서는 안 된다. 모세의 어머니가 "나에게는 사역이 없습니다"라고 말했다고 가정해 보라. 그녀의 사역은 역사상 가장 위대한 사역 가운데 하나였다. 자기 아들이 생존할 수 있도록 준비하고, 이스라엘 백성을 돌볼 수 있도록 아들을 키우는 일이었다. 그녀는 절대로 모세를 떠나지 않으시는 하나님에 대한 기본적인 믿음을 모세에게 심어주었고, 수년 후에 하나님은 직접 불이 붙은 떨기나무에 나타나셨다.

우리 각자에게는 사역이 있다. 하나님은 우리가 개인적인 재능, 은사, 기술을 온전히 사용할 수 있도록 특별히 계획된 구체적인 사역의 영역을 가지고 있다. 하나님은 그분의 사역을 이루시기 위해 우리를 특정한 시간, 장소, 특정한 사람들 사이에 두셨다. 우리는 영적으로 성장해서, 깊이 있게, 자발적으로, 은혜로운 관대함으로 다른 사람에게 사역할 수 있다.

하나님은 모세가 영적으로 성숙해서 구속된 백성을 자유롭게 하고 그들에 대한 하나님의 약속을 온전히 누리며 살 수 있는 땅으로 인도하게 하셨다. 하나님은 모세에게 초자연적 사역을 주셨다. 우리도 초자연적 사역으로 부르심을 받았다.

당신은 내가 사역을 설명하는데 '초자연적'이라는 단어를 사용한 것에 주목할 것이다. 참된 사역이 되려면 (하나님이 영감을 주시고, 능력을 주시는) 초자연적이어야 한다. 사역은 '봉사, 섬김(service)'을 의미한다. 누구든지 다른 사람의 필요에 따라 사역할 수 있다. 그러나 초자연적 사역에 참여한다는 의미는, 남자든 여자든 하나님의 직접적인 개입과 관여를 받으면서 다른 사람에게 사역한다는 뜻이다. 초자연적 사역에는 성령의 능력이 필요하다.

초자연적 사역이 반드시 위대한 기적이나 치유를 의미하지는 않는다. 영적 원리에 기초하여 기업을 돌아보는 일, 경건한 가정을 만드는 일, 복음을 전하는 일, 교회 찬양대에서 찬양하는 일, 시(市) 오케스트라에서 연주하는 일, 학교에서 가르치는 일, 병원에서 일하는 것, 우리가 이름을 댈 수 있는 그 수많은 일을 초자연적 사역으로 할 수 있다. 그 일을 할 때 하나님의 영광을 위해 한다면, 그리고 다른 사람을 섬길 때 우리를 통해 성령이 일하시도록 그분을 모셔 들이면 그 일은 초자연적 사역이라고 할 수 있다.

초자연적 사역에는 주목해야 할 여러 가지 중요한 측면이 있다.

초자연적 사역에는 목적이 있다

하나님이 우리를 특정한 초자연적 사역으로 부르실 때는 항상 목적이 있다. 하나님은 불타는 나무 속에서 모세에게 말씀하셨다. "나는 네가 바로에게 가서 내 백성을

보내라고 말하기를 원한다." 이것은 모세의 사역 목적이
었다.

초자연적 사역에는 적극적인 믿음이 필요하다

하나님이 모세를 부르셔서 맡기신 사명은 엄청나게 대
단한 일이었다. 모세는 즉시 빠져나갈 구멍을 찾았다. 모
세는 핵심적으로 "사람을 잘못 택하셨습니다"라고 말했다.
모세는 사람들 앞에서 말을 잘하지 못하고, 그 목적을 이
룰 수 없을 것이라고 하나님께 말씀드렸다. 그리고 다른
사람을 찾아보라고 말씀드렸다. 그러나 결국 모세는 하나
님께 순종했을 뿐만 아니라 하나님이 모세 앞에 두신 초자
연적 사역을 받아들였다.

성경 전체에서 겸손함에 대한 더 간결한 정의는 찾을 수
없을 것이다. "하나님, 할 수 없습니다." 이것은 하나님이
원하시는 모습이다. 우리는 그 일을 할 수 없지만, 우리가
하나님을 믿을 때 하나님은 하실 수 있다.

너는 단 하나의 근심도 품지 마라.

하나도 너에게는 너무 크다.

그 일은 오직 나에게만, 나에게만 속한 것이다.

네가 할 일은 내 안에서 안식하는 것이다.

— 허드슨 테일러

하나님은 이러한 태도, 이 '믿음의 자세'를 요구하신다.

하나님은 모세가 적극적으로 하나님을 믿지 않아도 되는 상황에 두신 적이 없다. 하나님은 "모세야, 일단 네가 나를 믿었으니, 이제는 항상 나를 믿을 것으로 알고 있겠다"라고 말씀하지 않으셨다. 오히려 그 반대로, 모세의 믿음은 거듭해서 도전을 받았다. 재앙이 강해질수록 모세는 하나님에 대한 더 큰 믿음을 가져야 했다. 이스라엘이 이집트를 떠나 어려운 문제에 부딪힐수록 모세에게는 더 큰 믿음이 필요했다. 광야에 있는 기간이 길어질수록 더 큰 믿음을 가져야 했다.

우리의 믿음이 더는 도전받지 않는 초자연적 사역은 있을 수 없다. 우리는 계속해서 전적인 복종과 전적인 신뢰와 전적인 순종과 전적인 헌신의 자리로 부르심을 받고 있다.

초자연적 사역에는 하나님이 능력을 주신다

자신의 삶에 대한 하나님의 사역 목적을 들었을 때, 모세가 어떤 느낌이었을지 상상할 수 있겠는가? "저요? 양치기인데요? 바로의 왕궁(이집트인을 죽인 것 때문에 생명을 요구하는 권력의 장소)으로 가서 그들의 노예를 보내라고 말하라고요? 거의 3백만 명이나 되는 사람들을 모아서 그들이 지금까지 알고 있는 단 하나의 집을 떠나 가본 적도 없는 땅으로 인도하라고요?" 모세의 사역에 대한 하나님의 목적은 광대하고 힘든 일이었다.

하나님이 당신에게 어떤 초자연적 사역을 맡기면 당신에게는 정말 엄청난 일처럼 보일 것이다. 그 일은 하나님의 계획 일부분이다. 하나님은 우리가 그분의 목적을 이루는 데 하나님을 전적으로 의지하기 원하신다. 우리 자신의 힘으로, 우리 자신의 지혜로 사역을 감당할 수 있다면, 우리는 하나님을 필요로 하지도 않고 사역은 초자연적이지도 않을 것이다.

하나님은 분명히 모세에게 "내가 그들을 자유롭게 할 것이다"라고 말씀하셨다. 바로에게 말한 것은 모세이지만,

자유롭게 하는 일은 하나님이 하실 것이다.

하나님은 모세를 바로에게 보내실 때, 오직 양치기의 지팡이만 가지고 가게 하셨다. 그 지팡이는 하나님 임재의 상징이었다. 그 외의 '자격 조건'은 모두 박탈했다. 모세는 하나님에 대한 전적인 신뢰의 자리로 낮아졌다. 하나님이 약속하신 대로 일하지 않으면, 아무 일도 일어나지 않을 것이다. 모세의 손에 있는 지팡이는 초자연적이었다. 하나님이 그것을 초자연적인 것으로 만드셨다. 모세가 지팡이를 내밀었을 때 일어난 기적들은 하나님이 그 지팡이로 하라고 말씀하신 일에 순종한 것 외에는 모세와는 아무런 상관이 없었다.

모세는 바로를 설득하지 않았다. 모세는 홍해를 가르지 않았다. 모세는 음식을 주지 않았다. 모세는 물을 주지 않았다. 모세는 광야를 통과하는 길을 면밀하게 계획하지 않았다. 이 모든 일을 하나님이 하셨다. 하나님은 모세의 행동으로 인한 모든 결과와 백성의 모든 필요에 모든 책임을 지셨다. 모세는 하나님이 명령하신 일에 순종하기만 하면 되었다.

사역은 반드시 그 양식을 따른다.

우리는 씨를 뿌릴 수 있다. 그러나 하나님이 자라게 하신다.

우리는 붕대와 약을 줄 수 있다. 그러나 하나님이 치유하신다.

우리는 진실하게 기도할 수 있다. 그러나 하나님이 기적을 행하신다.

우리는 우리의 역할을 감당한다. 그러나 그다음에 오직 하나님만이 하실 수 있는 역할을 하나님이 행하신다.

그렇게 큰 무리의 사람을 이집트에서 가나안까지 인도하는 일의 세부계획은 엄청난 것이었다. 모세는 백성이 떠나도록 동기 부여를 해야 했다. 그러고 나서 광야를 통과하는 긴 여정에 필요한 음식과 물, 공급은 어떻게 하지? 짐은 어떻게 운반하지? 군중은 어떻게 통제하지? 환자는 어떻게 하지? 낙오자는? 반항하는 사람은? 반대하는 사람은? 하나님이 자신에게 시키신 일을 생각할수록, 모세는 틀림없이 광야에서의 양치기 생활이 그리웠을 것이다. 그러나 하나님은 "내가 반드시 너와 함께 있으리라 이스라엘의 장로들이 네 말을 들으리니 내가 내 손을 들어 애굽 중에 여러 가지 이적으로 그 나라를 친 후에야 그가 너희를 보내리라 내가 애굽 사람으로 이 백성에게 은혜를 입히게 할지라 너희가 나갈 때에 빈손으로 가지 아니하리니"라고 말씀하셨다(출애굽기 3장 12–22절을 보라).

하나님이 우리를 초자연적 사역으로 부르실 때는 언제나 똑같이 말씀하신다. 하나님은 "내가 그 일을 행할 것이다. 내가 그 일을 이룰 것이다. 너는 내가 시키는 대로 행하라. 그러면 그 일이 이루어지도록 내가 행할 것이다"라고 말씀하신다. 하나님이 우리에게 시키신 일을 이루는 데 필요한 자원과 능력은 하나님께 있다. 하나님은 목적을 이루기 위해 우리를 통해 그분의 능력을 나타내신다.

초자연적 사역은 다른 사람에게 영향을 준다

오직 하나님만 모세를 영적으로 성숙시키실 수 있다. 이것은 똑같이 이스라엘 민족의 삶에도 적용된다. 오직 하나님만이 이집트 문화에 동화된 모습을 회복시키실 수 있다. 그 목적을 위해 하나님은 율법을 주셨고, 백성에게 율법을 가르치셨고, 광야에서 인도하셨고, 대적에게서 보호해 주셨고, 만나로 먹여 주셨다. 하나님은 그들의 모든 삶의 영역에 개입하셨다. 그들을 깨뜨리고 또다시 깨뜨려서, 특별한 백성, 다른 백성, 하나님을 위해 특별히 선택된 백성이 되게 하셨다.

이스라엘 백성을 깨뜨리면서 하나님은 모세에게 그리셨던 것처럼 그들 주위의 모든 이교도, 이방인, 불순한 사람들과 분리하셨다. 하나님은 전혀 다른 풍습, 전혀 다른 옷 입는 방법, 전혀 다른 예배 의식, 전혀 다른 행동 양식을 명령하셨다. 더 나아가 단 한 분이신 참되고 살아 계신 하나님을 섬기지 않는 사람들과 혼인하거나 교제하지 말라고 이스라엘 백성에게 명령하셨다. 하나님은 그들만의 경제 구조, 그들만의 생활양식, 그들만의 계명과 율법을 주셨다.

모세가 40년 동안 광야에서 산 것과 이스라엘 백성이 40년 동안 광야에서 떠돈 것은 우연이 아니었다. 이집트 문화에 동화되었던 모세를 하나님이 회복시켜서 이스라엘 백성을 위해 택하신 지도자로 변화시킨 것처럼, 이집트 문화에 동화된 이스라엘 백성을 회복시켜서 하나님이 택하신 백성으로 변화시키고 있었다.

하나님이 모세에게 임재의 증표를 주셨던 것처럼 백성

에게도 증표를 보여 주셨다. 그들의 경우에는 낮에는 구름 기둥, 밤에는 불기둥이었다.

이스라엘 백성이 마침내 하나님이 약속하신 땅에 도착했을 때, 그들은 대적과 싸울 수 있도록 하나님이 온전히 공급해 주시는 것을 보았다. 여리고 성벽은 나팔 소리와 이스라엘의 함성에 무너졌다. 하나님은 그분이 온전히 영광을 받으실 방법으로 승리하게 하셨다.

그리고 더 있다. 왜 하나님은 백성이 영적으로 성숙하기를 원하셨을까? 초자연적 사역 때문이다. 하나님은 아브라함에게 그의 가족을 통해 세상의 모든 민족이 하나님을 알게 될 것이라고 말씀하셨다. 그들은 "이방의 빛"이 되어야 했다(이사야 42장 6절, 49장 6절을 보라).

하나님이 이스라엘 백성에 대해 얼마나 굉장한 목적을 세우셨는가. 다시 말하지만, 모세의 삶에서 그러셨던 것처럼 하나님은 백성 앞에 매우 놀라운 목적을 두었다. 하나님은 "내가 너희에게 명하는 대로 행하면, 너희가 전적으로 나에게 순종하면, 나는 너희를 축복하고 너희를 복의 근원으로 삼을 것이다"라고 말씀하신다.

우리를 깨뜨리고 온전함과 영적 성숙의 자리로 이끄시

는 하나님의 목적은 다른 사람을 온전함과 영적 성숙의 자리로 인도하는데 우리를 하나님의 도구로 쓰기 위해서다.

하나님은 우리를 가르치셔서 우리가 다른 사람을 가르칠 수 있게 하신다.

하나님은 우리에게 그분의 통찰력을 주셔서 우리가 다른 사람과 통찰력을 나눌 수 있게 하신다.

하나님은 우리를 위로하고 격려하셔서 우리가 다른 사람을 위로하고 격려하게 하신다.

하나님은 우리에게 영적 은사를 주셔서 우리가 다른 사람을 돕는데 그 은사를 사용할 수 있게 하신다.

하나님은 우리에게 재정의 부유함을 주셔서 우리가 다른 사람을 유익하게 하고 복음을 전하는 데 필요한 것을 공급하게 하신다.

초자연적 사역에는 전적인 헌신이 필요하다

깨어진 사람은 전적인 자기 헌신의 자세를 가진다. 헌신의 자세는 사역할 수 있는 우리의 능력에 핵심이다. 참된 초자연적 사역은 두 마음을 품거나 피상적이지 않다.

여기에는 매우 깊이 있는 드림, 전적인 헌신, 흘러넘치게 풍부한 끝없는 사랑이 필요하다.

이스라엘 백성은 모세에게 반역했다. 이것은 실제로 하나님께 대한 반역이었다. 여러 번 모세는 절망적으로 말했다. "이 완악하고 목이 곧은 백성들을 어떻게 해야 합니까?" 그러나 하나님은 결코 그들을 포기하지 않으셨고, 절대 모세를 포기하지 않으셨고, 모세가 하나님의 백성을 결코 포기하지 않도록 그에게 힘을 주셨다.

우리가 다른 사람들에게 자신을 기꺼이 쏟아붓지 않는다면, 우리 삶에서 초자연적 사역을 감당할 수 없다. 초자연적 사역에는 한 사람의 사랑, 시간, 연민, 은사, 충성심을 전적으로 드리는 일이 필요하다. 이것은 아무것도 아끼지 않는 자세를 의미한다.

하나님의 뜻은 우리가 섬기는 것이지 섬김을 받는 것이 아니다. 예수님은 분명히 섬기는 자가 가장 큰 사람이라고 말씀하셨다. 섬김은 우리의 삶이 되어야 한다.

그것은 꽃병이 될 것인지, 양동이가 될 것인지의 문제다. 당신은 수천 달러의 가치가 있는 아름다운 꽃병을 집에서 가장 눈에 잘 띄는 장소에 놓아둘 수 있다. 당신과 다른 사람들은 꽃병을 보고 "참 예쁘네요"라고 말할 수 있을 것이다. 아니면 낡은 25리터 양동이로 물을 운반해서 수많은 사람이 갈증을 해결할 수도 있다. 우리의 사역도 마찬가지다. 어떤 사람들은 단지 예쁘고, 누군가 보아주고, 그들의 '가치'에 감탄해 주기만을 바란다. 반면에 어떤 사람들은 기꺼이 다른 사람들을 섬길 수 있도록 자신은 비우고 하나님으로 충만한 낡은 양동이가 되고자 한다.

우리는 기꺼이 지저분해져야 한다.

우리는 기꺼이 소매를 걷어 올리고 일해야 한다.

우리는 기꺼이 희생해야 한다.

우리는 기꺼이 모진 비바람의 시간을 통과해야 한다.

우리는 기꺼이 다른 사람을 위해 고통을 감당해야 한다.

고난과 고통 없이 영적 성숙에 이를 수는 없다. 그리고 더 큰 고난과 고통을 기꺼이 견디지 않으면 초자연적 사역에 참여할 수 없다. 그러나 우리 앞에 놓인 기쁨은 하나님이 우리와 함께하신다는 것, 하나님이 우리 안에서, 우리를 통해 일하신다는 것, 하나님이 우리를 기뻐하신다는 것을 아는 것이다. 그리고 이보다 더 큰 기쁨은 없다.

모세의 사역은 쉽지 않았다. 모세가 몇 번이고 바로의

왕궁에서 이집트에 닥칠 또 다른 재앙을 선포하는 일에는 큰 용기가 필요했다. 모세가 하나님의 백성을 홍해 앞으로 인도하는 데는 큰 믿음이 필요했다. 바로의 군대가 뒤에서 빠르게 쫓아오고 있었고, 그들 앞에 놓인 홍해를 건널 수 있는 확실한 방법을 그는 알고 있었다. 모세가 이스라엘 백성의 불만과 불평을 견디는 데는 큰 인내가 필요했다.

하나님 앞에서 온전히 깨어지지 않았다면, 모세는 자기 앞에 놓인 초자연적 사역을 감당하지 못했을 것이다.

하나님께 온전히 복종하고 순종하지 않으면, 하나님이 우리에게 요구하시는 초자연적 사역을 감당하지 못한다. 하나님은 우리에게 초자연적 사역을 맡기셔서, 자신의 힘으로 그 사역을 감당하도록, 즉 자신의 힘으로 큰일을 이루기 위해 몸부림치게 하지 않으신다. 그렇다. 하나님은 날마다, 일마다, 해마다, 계속해서 우리의 삶을 하나님께 드리라고 명령하신다. 우리는 전적인 복종과 헌신의 자세를 유지해야 한다.

나는 이렇게 말하는 것을 들은 적이 있다. "나는 구원받은 것으로 만족합니다. 천국 문 안에 들어가기만 하면 됩니다."

얼마나 안타까운 일인가. 얼마나 '비극적인 낭비(tragic waste)'인가. 하나님은 우리가 단지 하나님의 임재 앞에 혹은 천국 안에 '겨우 들어갈 수' 있도록 우리를 구원하지 않으신다. 하나님은 우리를 구원하셔서 우리가 영적 성숙에 이르고 하나님의 계획과 목적을 이루는 데 쓰임 받을 수 있게 하신다. 좋은 소식은 '초자연적 사역은 우리 삶에 굉장한, 말로 표현하기 어려운 놀라운 목적과 의미가 있는 것'이라는 것이다.

얼마나 많은 사람이 전 생애에 걸쳐 거듭해서 "나는 왜 이곳에 있을까? 내가 살아 있는 이유는 무엇일까?"라고 묻는지 모른다. 하나님이 깨뜨리신 사람, 그래서 온전하고 영적 성숙을 이룬 사람은 이 질문에 대한 답을 알고 있다. 우리가 이곳에 있는 것은 하나님께 영광이 되도록 쓰임 받기 위해서다. 우리가 이곳에 있는 것은 모든 인류를 위한 하나님의 계획을 이루기 위해 초자연적 사역의 길로 하나님이 우리를 부르시기 때문이다. 우리가 이곳에서 하나님의 축복을 받는 것은 우리가 다른 사람에게 축복이 되기 위해서다.

우리가 존재 이유를 깨닫고 그 안에서 행하기 시작하면

아침마다 일어나라고 아무도 우리를 재촉할 필요가 없다. 하나님이 우리 앞에 두신 목적을 위해 일하고 싶어서 지체할 수가 없다. 우리의 발걸음에는 기쁨이 있고, 우리의 마음에는 소망이 있고, 우리의 온 힘을 다 쏟고 그 결과에 대해 하나님을 신뢰하는 소망이 있다. 그러나 먼저 기꺼이 깨어지고 변화하고 성장해야 한다. 우리를 크게 사용하시기 전에, 하나님은 우리가 전적으로 하나님께 복종하고 있음을 아셔야 한다.

07

깨어짐의 과정

하나님의 관점에서 보면 깨어짐은 매우 체계적인 과정
이다. 우리는 단지 깨어짐의 혼란스러움만을 보고 고통,
혼란, 방향 감각 상실 등을 겪는다. 그러나 하나님은 삶의
환경에 반응하지 않는다. 하나님은 우리에게 무슨 일이 일
어나고 있는지, 그 일이 일어나기도 전에 그것을 온전히
인식하신다. 그리고 하나님의 목적을 이루기 위해 환경 안
에서, 그 환경을 통해 일하신다. 하나님은 깨어짐의 과정
에 대한 주도권을 절대 놓지 않으신다.

베드로 사도의 인생은 하나님이 한 사람을 깨뜨리실 때

사용한 원리를 분명한 그림으로 보여 준다. 아마 베드로 인생에서 가장 유명한 장면은 예수님이 십자가에 못 박히시기 바로 전날 일어난 일일 것이다.

예수님이 겟세마네 동산에서 잡히시고 대제사장의 집으로 끌려가셨을 때 베드로는 예수님을 따라갔다. 베드로가 대제사장 집 뜰에 앉아 있을 때, 여종이 베드로를 자세히 살펴보고 "이 사람도 그와 함께 있었다"고 말한다. 베드로는 예수님을 알지 못한다고 부인했다.

잠시 후에 다른 사람이 와서 베드로를 보고 "너도 그 도당이다"고 말한다. 또다시 베드로는 예수님과의 관계를 부인한다. 한 시간쯤 후에 또 다른 사람이 "참으로 그와 함께 있었다"고 말한다.

베드로는 "당신이 말하는 사람을 나는 알지 못합니다"라고 대답했다. 이렇게 세 번째 부인한 순간, 닭이 울었다. 예수님은 닭이 다음날 새벽을 알리기 전에 베드로가 예수님을 세 번 부인할 것이라고 예언하셨다. 그리고 예수님이 말씀하신 대로 되었다(누가복음 22장 54-62절을 보라).

베드로는 보통 제자가 아니었다. 베드로는 여러 면에서 매우 재능 있고 은사가 있었다. 복음서는 다른 사도들보다 베드로를 훨씬 많이 언급한다. 베드로의 이름은 신약의 다른 책뿐만 아니라 사도행전에도 수많은 곳에 등장한다. 베드로는 분명히 지도자 중의 지도자였다. 야고보, 요한과 함께 예수님 측근 그룹에 속해 있었고, 예수님이 신뢰하고 예수님의 인생에서 가장 긴장되고 극적인 순간을 함께한 사람들 중 한 사람이었다.

베드로는 어부였고 상당히 충동적이고, 의지가 강하고, 솔직하고, 신체적으로 강한 사람이었다. '자기중심적'은 베드로를 잘 설명하는 말이다.

왜 예수님이 베드로 같은 사람을 택하셨는지 궁금할 것이다. 하나님이 당신과 나를 선택하신 것과 같은 이유로 예수님은 베드로를 선택하셨다. 하나님은 우리가 될 수 있는 모든 가능성을 보신다. 하나님은 그리스도처럼 될 수 있는 우리의 가능성 때문에 우리를 선택하신다. 예수님은 베드로를 통해 일하실 수 있다고 믿었기 때문에 그를 선택하셨다. 예수님은 베드로의 삶에 특별한 목적을 가지고 계셨다. 그리고 하나님은 베드로를 위해 계획하신 초자연적 사역을 준비시키려고 예수님 자신을 베드로에게 쏟아부으셨다. 모든 사람처럼 베드로에게도 깨어져서 고쳐지고 다시 만들어져야 할 삶의 영역들이 있었다. 예수님은 베드로의 삶에서 그 과정에 기꺼이 참여하고자 하셨다. 실제로 예수님은 베드로에게 "너의 이름을 바꾸어 주겠다"고 말씀하셨다. 베드로의 이름을 바꾸시면서 예수님은 옛 시몬(예수님이 베드로를 제자로 부르실 당시의 이름)의 정체성을 깨뜨리고 새로운 정체성을 창조하셨다. 갈대인 시몬은 반석인 베드로가 되어가는 과정에 있었다.

하나님이 깨뜨리는 과정의 다음 네 가지 중요한 요소는 베드로의 삶뿐만 아니라 당신과 나의 삶에도 적용될 수 있다.

하나님은 목표 영역을 정하신다

하나님은 삶에서 깨어져야 할 목표 영역을 정하신다.

우리는 각각 강점과 약점을 가지고 있다. 그리고 많은 경우 하나님은 우리 삶에서 우리가 강점이라고 생각하는 것을 목표로 정하신다. 사람들이 자신의 강점은 하나님께 드리려고 하지 않기 때문이다. 자신의 약점을 깨달을 때는 하나님께 돌아와서 "나는 이 부분에서 약합니다. 나의 강함이 되어 주십시오"라고 기도한다. 그러나 강하다고 생각되는 부분에 대해서는 "글쎄요. 이 일은 내 힘으로 감당할 수 있습니다"라고 말한다. 하나님께 의지하지 않고 하나님의 도우심이나 다스리심을 구하지 않는다.

예를 들어, 강의나 대중 연설에 재능이 있는 사람은 주일학교에서 말씀을 가르치거나 교회 모임에서 강의해 달라는 부탁을 받으면 하나님의 도우심을 구하지 않을 수 있다. 반대로 한 번도 가르쳐본 적이 없거나 사람들 앞에서 말하는 능력이 없다고 생각한 사람은 하나님의 도우심을 구할 것이다.

우리는 각자 태도와 습관, 인간관계를 가지고 있다. 이러한 태도, 습관, 혹은 인간관계 중 하나라도 하나님이 원하시는 것과 반대되는 것이 있다면 깨어져야 할 영역이다. 예를 들어, 하나님은 우상숭배, 탐욕, 중독, 인종차별의 문제는 항상 다루실 것이다.

우리는 모두 욕구를 가지고 있다. 어떤 것에 집착하고 하나님과의 관계보다 더 소중하게 여길 정도로 강한 욕구를 가지고 있다면 깨어져야 한다. 우리는 이러한 욕구가 무엇인지 쉽게 깨닫지 못할 수도 있다. "나는 대부분 시간을 무엇을 생각하면서 보내는가?"는 좋은 질문이다. 우리가 생각하고 공상하는 주제가 우리의 욕구일 가능성이 크다. 하나님을 더 알고, 하나님을 더 온전하게 섬기고자 하는 소원보다 우리의 욕구가 우리 삶에서 더 중요하게 여겨진다면, 하나님은 틀림없이 그 문제를 제기하실 것이다.

우리 인생에 주어진 모든 순간에, 우리와 하나님과의 관계를 파괴하고 해가 되는 방해 거리가 단 하나라도 있다면 하나님은 그것을 구별해 내신다. 우리가 믿고 있는 어떤 것, 깊이 사랑하는 어떤 것을 하나님이 가져가실 때 우리는 망연자실한다. 하나님이 목표로 삼으신 영역은 우리가 빼앗긴 것에 대한 우리의 옳지 못한 사랑이다. 우리가 다른 사람을 신뢰하거나 사랑하는 것을 하나님이 싫어하시는 것이 아니다. 전혀 아니다. 하나님은 우리가 하나님을 사랑하는 것보다 다른 사람을 더 신뢰하거나 사랑하는 것을 원하지 않으신다. 성경에는 "질투하시는 하나님(jealous God)"이라는 구절이 반복적으로 나타난다. 하나님은 우리의 애정, 우리의 사랑, 우리의 시간, 우리의 소원에 대해 질투하신다. 하나님은 우리 삶에서 첫 번째 우선순위가 되기를 원하신다.

질투(jealous)는 우리에게 정당하게 속한 것을 소유하고 보호하려는 열렬한 욕구다. 남편은 다른 사람이 자신의 아내에게 구애한다면 질투할 것이다. 그의 아내는 정당하게 그의 아내이기 때문이다. 아내는 자기 남편에게 구애하는 여자들에게 질투할 것이다. 정당하게 우리에게 속한 것을 누군가 빼앗으려 할 때 우리는 질투한다.

시샘(envy)은 다른 것이다. 시샘은 정당하게 자기 것이 아닌 소유물이나 인간관계와 관련된다. 실제로 다른 사람에게 속한 것을 몹시 탐내거나 갈망하는 것을 시샘한다고 한다.

우리는 하나님께 속한 사람들이다. 하나님은 우리의 창조자다. 우리는 하나님의 작품, 하나님의 창조물, 하나님의 자녀다. 우리를 하나님에게서 떼어놓으려 하고 우리 삶에서 하나님의 자리를 대신 차지하려는 모든 것과 모든 사람에 대해 하나님은 질투하신다.

하나님은 우리가 온전히 하나님만 의지하기 원하신다. 하나님은 우리와 하나님과의 관계가 다른 관계로 대치되는 것을 원하지 않으신다. 하나님은 우리 삶에서 우리를 하나님의 사랑에서 떼어놓거나 우리와 하나님 사이에 장벽을 만드는 것이 있다면 그것을 부수시고, 깨뜨리시고, 흩으시고, 제거하신다. 그것은 우리가 사랑하는 것, 우리가 소중히 여기는 것, 우리가 꼭 붙들고 있는 것, 우리가 귀중하다고 생각하는 것일 경우가 많다.

하나님이 목표로 삼을 만한 것이 무엇인지를 알 때가 있다. 분명히 당신은 지금까지 이 책을 읽으면서 이미 자신의 삶에서 "아마 이것은 하나님이 깨뜨려야 할 목표로 동그라미를 치셨을 거야"라고 말할 수 있는 것이 무엇인지 깨달았을 것이다. 우리는 무엇인가가 우리 안에서 성령의 자유로운 역사를 방해하고 있을 때를 알고 있다. 무엇인가가 복음을 증거하지 못하게 하고 일상생활 속에서 승리하지 못하게 할 때를 알고 있다. 무엇인가가 우리의 주의를 빼앗고, 우리의 평화를 깨고, 또는 우리의 생각을 끌어당기고 있을 때를 알고 있다. 하나님은 분명히 이런 일이 일어나는 때를 알고 계신다. 그리고 우리가 아는 것보다 훨씬 더 빠르고 훨씬 더 완전하게 알고 계신다.

예수님은 베드로의 삶에 심각한 장애물이 있음을 아셨다.

마태복음 14장에서 예수님은 물 위를 걸어서 제자들에게 오셨다. 그 예수님을 보고 제자들은 두려움에 가득 찼다. 베드로는 "만일 주님이시거든 나를 명하사 물 위로 오라 하소서"라고 말했다.

예수님은 베드로에게 "오라"고 말씀하셨다.

그러나 베드로가 배에서 내려 물 위로 걸어가기 시작했을 때, 베드로는 예수님을 보지 않고 바람과 풍랑이 이는 바다를 보았다. 그는 두려움으로 가득 찼고, 물에 빠져들기 시작했다. 그리고 "주여, 나를 구원하소서"라고 소리쳤다(22-30절).

예수님은 베드로의 충동적이고 변덕스러운 성품이 강한 믿음의 지배를 받거나 아니면 강한 두려움의 지배를 받는다는 것을 아셨다. 베드로가 흔들림 없이 예수님을 따라가려면 예수님은 베드로의 삶에서 반복되는 두려움을 깨뜨려야 했다.

마태복음 16장에서 예수님은 예루살렘으로 가셔야 하고, 장로들과 대제사장들과 서기관들에게 많은 고난을 받고, 죽임을 당하고, 제삼일에 살아나야 할 것을 베드로와 다른 제자들에게 설명하셨다. 베드로는 예수님을 붙들고 항변하여 "주여, 그리 마옵소서. 이 일이 결코 주께 미치지 아니하리이다"라고 말한다. 예수님은 돌이키며 베드로에게 "사탄아, 내 뒤로 물러 가라. 너는 나를 넘어지게 하는 자로다. 네가 하나님의 일을 생각하지 아니하고 도리어 사람의 일을 생각하는도다"라고 말씀하셨다(마 16:21–23).

예수님은 하나님의 뜻보다는 자신의 뜻대로 행하려는 베드로의 욕구를 깨뜨려야 한다는 것을 아셨다.

마태복음 18장에서 베드로는 예수님께 물었다. "주여, 형제가 내게 죄를 범하면 몇 번이나 용서하여 주리이까, 일곱 번까지 하오리이까?" 베드로는 자신이 매우 관대하다고 생각했다. 예수님은 "네게 이르노니 일곱 번뿐 아니라 일곱 번을 일흔 번까지라도 할지니라"고 말씀하셨다(마 18:21, 22).

예수님은 베드로의 잘난 체하는 자기 의를 깨뜨리고 그 대신 무한하고 관대한 하나님의 용서로 충만해져야 한다는 것을 아셨다.

요한복음 13장에서 예수님은 다락방에서 베드로의 발을 씻어 주려고 하셨다. 베드로는 "내 발을 절대로 씻지 못하시리이다"라고 말했다. 예수님은 "내가 너를 씻어 주지 아니하면 네가 나와 상관이 없느니라"고 하셨다.

예수님은 베드로의 자만심을 깨뜨려야 한다는 것을 아

셨다.

마태복음 26장에서 예수님은 제자들에게 "오늘 밤에 너희기 다 나를 버리리라. 기록된 바 내가 목자를 치리니 양의 떼가 흩어지리라 하였느니라. 그러나 내가 살아난 후에 너희보다 먼저 갈릴리로 가리라"고 말씀하셨다.

베드로는 "모두 주를 버릴지라도 나는 결코 버리지 않겠나이다"라고 말했다. 베드로는 주와 함께 죽을지언정 주를 부인하지 않겠다고 맹세했다(31–35절).

예수님이 예언하신 것보다 자기 생각을 더 중요하게 생각하는 베드로의 자기중심적인 예상을 깨뜨려야 한다는 것을 예수님은 아셨다.

누가복음 22장에서 무장한 병사들이 겟세마네 동산에 있는 예수님을 잡으러 왔다. 유다는 입맞춤으로 예수님을 배반했다. 베드로는 대제사장의 종을 쳐서 오른쪽 귀를 떨어뜨렸다. 그러나 예수님은 "이것까지 참으라"고 말씀하심으로 그 상황을 정리하셨다. 예수님은 종의 귀를 만져 치료해 주셨다.

예수님은 하나님 나라가 무력이 아닌 오직 사랑의 능력으로 세워진다는 것을 베드로에게 가르쳐야 한다는 것을 아셨다.

베드로는 깨어졌다. 조금씩, 여러 가지 상황을 통해, 예수님은 베드로의 자만심, 이기주의, 자기만족을 깨뜨리기 위해 일하셨다.

하나님은 우리 삶에서도 똑같이 하실 것이다. 하나님을 온전히 신뢰하지 않고 전적으로 순종하지 않는 영역을 목표 대상으로 삼으실 것이다.

하나님은 상황을 조정하신다

깨어져야 할 영역이 하나님의 의지에 속하는 것처럼, 우리를 깨어지게 만드는 상황도 마찬가지다.

왜 예수님은 물 위를 걸으셨을까? 얼마간 예수님은 베드로와 다른 제자들에게 두려움을 극복하는 데 믿음을 사용하라고 가르칠 수 있는 상황을 만들고 계셨다.

왜 예수님은 제자들의 발을 씻어 주셨을까? 얼마간 예수님은 베드로의 자만심을 다룰 수 있는 상황을 만들고 계셨다.

왜 예수님은 제자들이 예수님을 부인할 것이라고 예언

하셨을까? 얼마간 예수님은 베드로가 자신의 교만에 직면할 수 있는 상황을 만들고 계셨다.

이러한 상황들은 틀림없이 언제나 베드로에게 고통스러운 일이었다. 그 상황에 대해 생각해 보라. 예수님은 베드로의 자만심과 자기만족을 깨뜨리실 때마다 공개적으로 그렇게 하셨다. 베드로는 굴욕감을 느끼고 당황했다. 베드로는 자기가 예수님을 부인했다는 것을 깨닫고 쓰디쓴 눈물을 흘리는 지경에 이르렀다. 그는 고통스러웠다. 그는 자신의 실패와 하나님을 신뢰하지 못한 것 때문에 몹시 괴로워했다.

우리가 다른 것을 더 많이 신뢰할수록, 다른 것을 더 굳게 붙들수록, 하나님 이외에 다른 것을 더 많이 사랑할수록, 하나님이 우리를 깨뜨리는 데 사용하실 상황들은 우리를 공개적으로 깨뜨릴 상황이 될 가능성이 크다.

하나님은 우리를 깨뜨리기 위한 상황을 두 가지 방법으로 만드신다. 어떤 때는 우리 삶에서 변화시켜야 할 것을 우리가 직면하는 상황을 만드신다. 또 어떤 때는 우리가 선택한 죄의 길로 나아가도록 그냥 놔두기도 하신다. 하나님은 우리에게 충분한 여유와 충분한 밧줄을 주셔서 우리

스스로 얽매이게 하실 것이다.

이것은 특히 다른 사람을 상하게 하는 죄에 적용된다. 다른 사람을 학대하는 사람은 결국 그 죄가 드러나게 될 것이다. 포르노나 불법적인 성적 행위에 연관된 사람은 결국 그 행동이 드러나서 고통받게 될 것이다. 공금을 횡령하거나 의도적으로 돈을 잘못 관리하는 사람은 교도소에 갇힌 자기 모습을 보게 될 것이다. 이러면 하나님은 우리를 망하게 하려고 세세한 일을 계획하실 필요가 없다. 우리가 파멸을 자초했기 때문이다.

예전에 나는 비서와 불륜 관계에 있는 한 남자를 알았다. 상황이 드러나자 그는 철저하게 파멸되었다. 이 사람은 언제나 모든 상황을 주도하고, 자신의 감정을 주도하고, 자신의 경력을 주도하던 사람이었다. 자기 삶에서 절대적 주도권을 유지하려고 노력하면서 사람들을 감정적으로 학대하고 그의 명령대로 움직이도록 교묘하게 조종하기도 했다. 갑자기 그는 상황을 주도할 수가 없게 되었다. 그의 삶은 눈앞에서 산산조각이 났다.

하나님은 그의 삶에서 일하고 계셨다. 하나님은 성적 죄악뿐만 아니라 자기 삶을 주도하려는 시도까지 꿰뚫어 보고 계셨다. 그는 자기 뜻을 하나님의 뜻에 복종시키지 않았다. 그래서 이 사람의 깨어짐은 공개적으로 일어났다. 예전에 그가 사람들을 조종하고 주도하던 일이 공개적이었기 때문일 것이다.

하나님이 우리 삶에서 깨어짐의 상황을 만드시든지, 우리가 만든 깨어짐의 상황대로 가도록 놔두시든지 우리는 결국 "좋습니다, 하나님, 주님의 뜻대로 하겠습니다"라고 말할 수밖에 없게 된다.

하나님은 도구를 선택하신다

하나님은 깨어져야 할 우리 삶의 영역을 목표로 정하신다. 우리가 깨어질 수 있도록 상황을 조정하신다. 그리고 우리를 깨뜨리기 위한 도구를 선택하신다.

하나님이 우리를 깨뜨리기 위해 선택하는 상황을 우리가 좋아하지 않는 것처럼 그 도구도 좋아하지 않는다.

하나님이 나를 깨뜨리려고 사용하는 도구 중에서 내가 좋아하는 것을 선택할 수 있다면, 나는 "하나님, 책 한 권만 주십시오. 하나님이 원하시는 변화가 기록되어 있는 책

두 쪽만 보여 주십시오. 그러면 내가 하나님의 뜻을 알겠습니다"라고 말할 것이다. 하지만 하나님은 내 삶에서 한 번도 그렇게 하신 적이 없다.

대신에 하나님은 내게 상처가 되는 다른 사람들의 의견이나 거짓된 비난, 잘못된 부정적인 보고서, 또는 자기 이익을 위해 상황을 조작하려는 사람들을 사용하셨다. 하나님은 어려운 상황을 사용하셨고, 그 상황은 처음에는 압도적이거나 파괴적인 것처럼 보였다.

하나님이 사용하실 도구를 우리가 선택할 수는 없다. 하나님이 선택하신다. 우리를 언제 깨뜨려달라고 하나님께 말할 수 없는 것처럼, 우리를 어떻게 깨뜨려달라고 말할 수도 없다. 방법을 선택하는 것은 하나님의 일이다. 그것은 전적으로 우리가 주도할 수 있는 일이 아니다.

수년 동안 하나님은 내가 아는 어떤 사람을 방송 매체라는 방법을 사용해서 깨뜨리고 계신다. 이 사람은 말하고 행동하는 것에 대해 계속해서 방송 매체에 시달리고 있다. 방송 매체가 '자기를 잡으려고 애쓰고' 있다고 생각한다. 나는 하나님이 그를 변화시키려고 하신다는 것을 믿는다. 그는 교만하기 때문에 "나는 방송 매체 위에 있다. 그들은 내 삶을 파고들 권리가 없다. 그들은 내가 무슨 일을 하고 있는지 드러낼 권리가 없다"고 말한다. 그의 교만과 자기 결정은 하나님께 대한 전적인 복종과 반대되는 것이다.

"하나님, 나는 하나님의 것입니다. 무슨 일이 있어도 당신을 신뢰하고, 당신이 이끄시는 대로 무슨 일이든 행할 것입니다"라고 말할 수 있을 때까지 하나님이 당신의 삶에서 사용하실 도구가 무엇일지 나는 모른다. 하지만 분명히 확신하는 것은, 그 도구는 예리하고 고통스럽고 피하기 어렵다는 것이다. 그 도구를 피할 수는 없을 것이다. 자신의 삶에서 변화되어야 할 영역과 어쩔 수 없이 대면해야 할 것이다. 하나님에 대한 전적인 의존과 당신 사이에 놓인 장애물을 대면하지 않고 피할 방법은 없다.

죽음은 도구인가?

이 문제에 대해 내 말을 주의 깊게 듣기 바란다. 당신의 주의를 끌기 위해 당신이 사랑하는 누군가, 배우자나 자녀를 하나님이 죽이실 것이라고 나는 말하지 않겠다. 어떤 사람을 하나님께 복종시키기 위해 다른 사람을 죽게 하신다고 나는 믿지 않는다. 어떤 경우에는 사랑하는 사람의 죽음이 그 사람을 하나님께로 더 가까이 이끄는 결과로 이어지기도 한다. 하지만 당신의 인생에서 순종을 끌어내기 위해 하나님이 누군가의 죽음을 초래하신다고 믿지 않는다. 그 이유는 하나님은 당신과 다른 사람을 모두 사랑하시기 때문이다. 하나님은 누군가를 축복하시기 위해 다른 사람의 삶에 재앙이나 죽음을 초래하지 않으신다.

더욱이 죽음은 사탄의 최종 공격이다. 사탄은 죽음을 가져오는 존재다. 하나님이 죽음을 허락하시는가? 그렇다. 죽음은 아담과 하와의 죄로부터 이 땅에 아직도 남아 있는 저주의 일부분이다. 성경은 죽는 것은 인간의 운명이라고 말한다(히 9:27). 이와 동시에 하나님은 죽음의 창시자가 아니다. 하나님은 죽음에서 구원하시는 분이다. 예수님은 우리의 부활이시지, 우리를 죽게 하시는 분이 아니다.

그러나 예수 그리스도를 믿는 사람들에게 죽음은 저주가 아니다. 죽음은 하나님의 영원한 임재하심 속으로 들어가는 것이다. 사랑하는 사람의 죽음은 우리에게 고통을 준다. 사랑하는 사람과 분리되기 때문이다. 그리스도를 믿는 사람들에게 죽음은 끝이 아니다. 어느 날 우리는 그리스도 안에서 헤어졌던 사랑하는 사람과 다시 만나게 될 것이다.

그리고 다시는 그들과 헤어지지 않을 것이다. 예수님은 죽음과 무덤에서 승리하셨다. 죽음에서 부활하신 예수님은 우리의 부활을 위한 길을 열어 놓으셨다.

하나님이 우리를 깨뜨리기 위해 죽음을 일으킨다고 믿지 않지만, 때로는 우리에게 아주 중요한 무엇, 예를 들면 인간관계 같은 것을 잃어버리게 하실 수 있다고 나는 믿는다. 잃는 것은 궁극적으로 깨어짐의 일부다.

죄는 도구인가?

하나님은 어떤 사람의 순종을 위해 누군가의 죽음을 초래하지 않는다. 또한 하나님이 어떤 사람의 순종을 끌어내기 위해 누군가 죄를 짓게 하시지도 않는다. 예를 들어, 하나님이 자녀나 그 부모를 깨뜨리기 위해, 그 아들이 마약을 하거나 딸이 결혼 전에 성관계를 하게 하지는 않는다. 하나님은 죄의 창시자가 아니다. 하나님은 죄를 짓도록 유혹하지 않는다. 그런 일은 사탄이 하는 것이다. 하나님은 우리에게 죄를 지으라고 강요하지 않는다. 우리는 유혹에 반응할 것인지, 저항할 것인지에 대한 자유의지가 있다.

하나님은 우리의 삶에서 긍정적인 변화를 이끌어내기

위해 우리의, 또는 우리와 가까운 사람들의 연약함과 죄, 불순종을 이용하실 것이다. 하나님은 우리가 성장하고 성숙할 기회를 절대 놓치지 않으신다.

깨어짐은 다른 사람에게 영향을 미친다

우리는 남몰래 혹은 외딴곳에서 깨어지지 않는다는 것을 기억해야 한다. 마치 고립된 캡슐 안에 갇힌 것처럼 격리된 채 깨어지지는 않는다. 하나님이 우리를 깨뜨릴 때 우리의 깨어짐은 주위 사람들에게 영향을 미친다. 반대로 다른 사람들의 삶에서 일어나는 깨어짐의 과정은 우리에게 영향을 줄 수 있다.

예를 들어, 하나님을 사랑하는 것보다 자기 일과 사업을 더 사랑한 남자를 하나님이 깨뜨릴 때, 하나님이 사업을 실패하게 해서 그를 깨뜨리기로 선택하시면, 그의 아내와 자녀들은 사업의 실패로 인한 영향을 받게 될 것이다. 아내와 자녀들은 그 사람의 인생에 깨어짐을 일으키는 데 아무 관여도 하지 않았지만, 그 사람의 깨어짐에 영향받을 뿐만 아니라 하나님이 그의 삶을 깨끗하게 하려고 하실 때도 그 상황을 사용하실 것이다. 깨어짐의 과정에서는 아무

것도 그냥 허비되지 않는다. 한 사람의 깨어짐에 영향을 받는 사람들은 자신이 영적으로 얼마나 성숙한지, 자신이 얼마나 온전하지 못한지, 하나님에 대한 신뢰가 얼마나 부족한지를 똑바로 알 기회를 갖게 될 것이다.

1장에서 말한 것을 기억하기 바란다. 하나님이 무자비하고 잔인하고 무정해서 우리 삶에 깨어짐을 허락하는 것이 아니다. 하나님은 우리에게 상처를 주거나 우리를 쓸모없게 만들거나 멸망시키려는 괴팍한 욕구 때문에 깨뜨리지 않는다. 하나님이 우리를 위해 계획하신 것을 온전히 누리지 못하게 하는 우리 삶의 어떤 문제에 우리가 관심을 가지고 그 문제를 다루도록 우리를 깨뜨린다.

도구로서의 대적

하나님이 우리를 깨뜨리기 위해 우리 삶에서 사용하는 가장 나쁜 도구(우리 관점에서 볼 때)는 아마도 우리의 대적일 것이다. 때로 하나님은 우리를 박해하는 사람들을 사용하신다. 그리고 우리가 온전히 주목하고 온전히 순응할 때까지 그들이 우리에게 압력을 가하도록 허락하신다.

우리는 대적의 공격에서 보호해 달라고 기도한다. "하

나님, 왜 이런 일이 나에게 일어나는 것입니까? 왜 이 사람을 막지 않으십니까? 왜 대적을 처리해 주지 않으십니까?"라고 울부짖는다. 하나님은 우리가 하나님에 대한 완전한 의지와 신뢰의 자세를 가질 때까지 박해를 허락하신다.

누군가 당신을 계속해서 방해한다면, 누군가 계속해서 당신을 조소하고, 당신을 반대하고, 당신과 싸우고, 다른 사람들에게 당신에 대해 나쁜 말을 한다면, 하나님께 물어보라. "이 일을 통한 하나님의 가르침은 무엇입니까? 내 안에서 깨끗하게 하실 부분을 보여 주십시오."

매우 자주 하나님은 우리가 배우고, 행하고, 변화되어야 할 것이 무엇인지 빨리 보여 주기도 하신다. 하나님은 우리를 다루시는 것만큼 우리의 대적을 다루지 않는다. 하나님이 우리 마음 안에서 깨뜨리기 원하시는 것이 무엇인지를 깨달으면 우리의 대적은 문제가 되지 않을 것이다.

내가 우리의 대적이 옳다고 말하지 않은 것에 주목하기 바란다. 그들은 하나님의 명령과 완전히 반대되는 방법으로 우리에게 행할 수도 있다. 나는 대적에게 화내는 것이 정당하지 않다거나 자연스러운 것이 아니라고 말하지 않는다. 내가 하고자 하는 말은 하나님이 우리 삶에서 선한 무엇인가를 일으키는 도구로서 우리의 대적을 사용하신다는 것이다. 일단 우리 안에서 하나님의 목적이 이루어지면, 하나님은 우리를 위해 우리의 대적을 다루신다. 하나님이 필요하신 대로 원수를 갚아주실 것이라고 신뢰할 수 있다(롬 12:19).

도구로서의 가족

가족은 그리스도 예수를 닮지 않은 우리의 특성을 없애려고 하실 때 하나님이 사용하는 가장 가혹한 시련 중의 하나다. 하나님이 우리를 더 깨끗하게 하려고 배우자를 사용하는 경우를 우리는 좋아하지 않는다. 자녀가 부모의 단점을 지적하거나, 부모가 하나님께 불순종하는 것을 깨닫도록 부모에게 반항하는 자녀를 어쩔 수 없이 사용하시는 것을 좋아할 사람은 없다.

하나님은 압력을 조절하신다

하나님이 우리를 깨뜨리기 위한 목표를 정하시고, 상황을 설정하시고, 도구를 선택하시는 것처럼 우리가 감당할 압력의 정도를 조절하신다. 하나님은 우리가 깨어지는데 얼마만큼의 압력이면 충분한지를 정확하게 아신다. 압력의 정도는 사람에 따라 다르다.

하나님은 우리의 깨어짐에 한계를 정하신다. 이러한 한계에는 그 깨어짐이 얼마나 지속할 것인지, 우리가 어느 정도의 고통과 고난을 겪을 것인지가 포함된다. 하나님은 우리에게 허락하실 고통의 양을 제한하신다.

두 가지 목표 중 하나가 이루어지면, 하나님은 깨어짐을 끝나게 하신다.

첫째, 우리 의지가 깨어지고 하나님께 복종하면 깨어짐은 끝난다. 깨어짐을 통해 하나님이 당신의 삶에서 이루기 원하시는 것에 당신이 전적으로 복종하는 순간, 깨어짐과 관련된 상황은 회복되기 시작하고 하나님이 사용하신 도구는 사라지기 시작한다.

둘째, 당신의 삶에 대한 하나님의 목적이 손상될 정도가 되면 깨어짐은 끝난다. 하나님이 당신을 위해 준비하신 초자연적 사역을 당신이 감당할 수 없을 정도로 깨어지거나 상처받는 것을 하나님은 허락하지 않을 것이다. 그것은 오히려 역효과이기 때문이다. 하나님의 목적은 당신을 훈련하고, 당신을 빚으시고, 당신을 새롭게 만드는 것이다. 절대 당신을 멸망시키는 것이 아니다.

거부하면 지연된다

하나님이 깨뜨리는 과정을 거부하면 그 과정은 지연된다. 기꺼이 순종할 때 과정은 단축된다. 이것은 깨어짐의 과정에서 우리가 영향을 미칠 수 있는 단 하나의 영역이다. 우리는 목표를 정하거나, 상황을 지시하거나, 도구를 선택할 수 없다. 그러나 하나님께 순종하려는 우리의 의지에 의해, 그 압력이 얼마나 세게 주어질 것인지, 그 과정이 얼마나 오래 지속할 것인지를 결정할 수 있다. 하나님이 우리 삶에서 하고 계신 일이 무엇인지 빨리 알수록, 그것에 빨리 순종할수록 우리에게는 훨씬 유익하다.

우리가 깨어짐의 과정을 거부하면 하나님은 더 꼭 조이셔야 하고, 끌로 더 깊게 파야 하고, 더 강하게 갈아내셔야 한다.

아주 오랫동안 하나님을 거부하는 사람들은 망하지 않는다. 오히려 그런 사람들은 일반적으로 '보류'된다. 그들은 무시당한다. 그들은 계속해서 쓰임 받지 못한다. 그들은 현재 수준의 영적 성장과 성숙 상태에 정체되어 있다. 그들은 여전히 결점이 많은 상태다.

어떤 자매가 내게 이런 말을 한 적이 있다.

"하나님이 정말 나를 쓰신다고 느낀 지 몇 년 되었습니다. 나는 교회에서 매우 활동적으로 봉사했지만, 최근 몇 년 동안 점점 무관심해지고 있습니다. 하나님은 아직도 나를 위한 비전을 가지고 계실까요?"

나는 자매에게 물었다. "하나님이 자매의 삶에서 무엇인가를 바꾸려 하신다고 느낀 것은 마지막으로 언제였습니까?"

자매는 대답했다. "하나님이 내 안에서 무엇을 바꾸려고 하셨는지 잘 모르겠습니다."

나는 말했다. "삶에서 큰 어려움을 겪은 적이 있습니까? 감정적으로, 영적으로, 또는 신체적으로 모든 도움이 갑자기 끊어지는 것 같은 어려움 말입니다."

"예, 있습니다. 하지만 나는 그 어려움을 잘 견뎌냈습니다"라고 대답했다.

"그 문제들 때문에 변화된 부분이 있습니까?"

"아니요." 그녀는 확고하게 말했다. "나는 역경에 지지 않는 사람입니다. 조금도 변하지 않았습니다. 내 입장을 고수했습니다."

"그것이 문제인 것 같군요. 당신이 성장하고 변화되도록 하나님이 사용하시는 방법을 깨달으려고 하지 않는 한, 하나님은 그분의 일을 당신에게 맡길 수 없습니다. 하나님은 당신을 너무나 사랑하셔서, 당신이 항상 그래왔던 것처럼 살아가는 것을 원하지 않습니다. 하나님은 당신이 예수 그리스도의 형상까지 성장하기 원하십니다. 하나님은 당신의 삶에 위대하고 놀라운 목적과 계획이 있습니다. 하지만 당신이 영적으로 성장하고 변화되기를 거절하는 한 하나님은 그 온전함까지 당신을 이끌 수 없습니다."

깨어지지만 멸망하지 않음

하나님의 목적은 우리의 의지를 깨뜨리는 것이지 영혼을 깨뜨리는 것이 아니다. 하나님의 목적은 우리를 멸망시키는 것이 아니며, 하나님 나라에서 최대한의 온전함, 성숙함, 유용함의 자리에 있게 하시는 것이다. 하나님은 우리의 삶에 대한 주도권을 하나님께 드리기 원하신다.

베드로가 가장 포기하고 싶지 않았던 것이 주도권이었다. 베드로는 예수님이 자신의 발을 씻어주실 것인지를 자기가 결정하고, 예수님이 정말 물 위를 걷고 있는지를 증명할 수 있는 조건과 예수님이 메시아가 될 방법을 자신이 직접 지시하기 원했다.

우리는 베드로와 비슷하다. 우리는 주도권을 포기하기 어려운 시기를 겪는다. 우리는 항상 최종 결정권을 갖기 원한다. 깨어짐은 우리에게 최종 결정권이 없을 뿐만 아니라 "예수님, 내가 무슨 일을 하기 원하십니까?"라고 질문하는 것 외에 아무 말도 할 수 없음을 아는 지점까지 이르게 하시는 하나님의 과정이다.

"예, 나는 예수님이 원하시는 일을 하고, 원하시는 모습대로 될 것입니다. 주도권을 예수님께 드립니다"라고 베드로가 예수님께 말할 수 있기까지 삼 년이 걸렸다.

예수님이 십자가에 못 박히신 이후, 베드로는 다시 물고기를 잡았다. 어느 날 아침, 예수님은 바닷가에서 베드로를 만나서 물으셨다. "베드로야, 네가 나를 사랑하느냐?"

예수님은 세 번 질문하셨고, 베드로는 세 번 대답했다. "주님, 내가 주님을 사랑하는 줄 주님이 아십니다."

예수님은 베드로가 해야 할 일을 구체적으로 말씀하셨다. '지도자가 필요한 예수님을 따르는 사람들, 즉 양을 먹이고 돌보는 일'이었다. 베드로는 마침내 예수님이 그에게 원하신 일을 온전히 받아들였다. 예수님은 베드로에게 초자연적 사역 목적을 주셨다. 그리고 부활하시면서 베드로에게 초자연적 사역 능력을 주셨다.

나중에 베드로가 기록한 말에 주목하라. "하나님은 교만한 자를 대적하시되 겸손한 자들에게는 은혜를 주시느니라"(벧전 5:5). 베드로는 그의 편지에서 잠언 3장 34절을 인용한다. 베드로는 자신의 삶에서 그 구절의 실제성을 깨달았다.

다음의 시는 베드로가 겪었던, 그리고 우리 모두가 겪고 있는 깨어짐의 과정을 이야기한다.

정말 귀한 일을 감당하도록

하나님이 한 사람을 연단하기 원하실 때

한 사람을 감동 주기 원하실 때

한 사람을 훈련하기 원하실 때

온 세상이 놀라게 될

위대하고 담대한 사람을 만들기로

하나님이 전심으로 열망하실 때

하나님의 방법을 보라, 하나님의 방식을 보라

하나님이 전적으로 선택하신 사람을

하나님이 얼마나 가차 없이 완전하게 하시는지

하나님이 그를 얼마나 치시고, 얼마나 상처를 주시는지

그리고 얼마나 강력한 충격으로

오직 하나님만이 아시는

고난받는 진흙의 모습으로 바꾸어 가시는지

그의 고통스러운 마음은 울부짖고

그는 손을 들어 간구한다

하나님이 선한 일을 행하실 때

그는 구부러지지만 결코 부러지지는 않는다네

하나님이 선택하신 사람을 어떻게 사용하시는지

그리고 모든 목적에 그를 어떻게 맞추어 가시는지

그의 최상을 끌어내시기 위해

모든 행동으로 그를 이끄시네

하나님은 그분이 하려는 일을 아시네.

– 작자 미상

하나님은 깨어짐의 과정에서 실수하지 않으신다. 하나님은 우리 삶에서 어떤 영역을 목표로 정해야 할지 정확하게 아신다. 하나님은 우리를 깨뜨리기 위해 만들어야 할 환경, 사용해야 할 도구를 알고 계신다. 하나님은 우리가 얼마만큼의 압력을 감당할 수 있는지 아신다. 하나님은 우리를 온전하게 만들고 계신다.

좋은 소식은 하나님의 뜻에 순종하기만 하면, 하나님은 우리 안에서 완벽한 일이 아닌 것은 절대 행하지 않는다는 것이다.

08

깨어짐을 거부하는 우리들

오늘날 사람들은 하나님으로부터 달아날 수 있고, 자신의 삶에 대한 하나님의 요구를 거절할 수 있고, 자기 뜻대로 살 수 있다고 믿는다. 그들은 죄를 짓고 하나님의 징벌을 피할 수 있다고 믿는다. 그들은 틀렸다.

하나님께 불순종한 죄의 대가는 반드시 치르게 된다.

'불순종, 반역(rebellion)'은 항의 집회에 참여하거나, 테러 행위에 관여하거나, 무단가출하는 사람들에게 국한되지 않는다. 사람들은 모두 불순종하는 성향이 있고 이것을 각자 자신만의 고유한 방식으로 표현한다. 자신의 방법을 포기하기 싫고, 순종하기 싫고, 하나님이 우리 의지를 꺾는 것이 싫을 때가 있다. 이러한 불순종의 성향 때문에 우리는 하나님께 분개하고 반항한다.

요나 선지자는 하나님이 자기를 깨뜨리는 것과 자기 삶에 대한 하나님의 뜻을 거절했다.

하나님이 요나에게 니느웨에 가서 그들의 악함을 지적하라고 말씀하셨을 때, 요나는 욥바로 가서 다시스 가는 배를 탔다. 다시스는 니느웨의 반대 방향으로 약 2천 마일이나 떨어진 도시다(욘 1:1-3).

요나는 하나님이 말씀하신 일을 하고 싶지 않았다. 그래서 하나님을 피하려고 도망갔다. 이 방법은 요나의 생각대로 되지 않았다. 우리 삶에서도 이런 방법은 통하지 않는다.

어떻게 하나님에게서 도망칠 수 있는가?

하나님에게서 도망친다는 부질없는 생각은 이제 그만두라. 존재하는 모든 것(살아 있는 모든 사람들, 이 지구뿐만 아니라 우주에 있는 모든 장소)이 항상 언제나 하나님 앞에 있는데 어떻게 하나님을 피할 수 있겠는가? 자기기만에 빠진 사람들만이 하나님에게서 도망치고 하나님 앞을 피할 수 있다고 생각한다. 하나님에게서 도망치는 것은 자신의 마음에서 도망치는 것과 같다. 도망가서 살아갈 수는 없다.

하나님이 우리를 꽉 붙잡기 시작할 때, 즉 구체적인 환경, 부르심, 상황 등으로 우리에게 가까이 다가오실 때, 우리는 종종 도망치려고 시도할 때가 있다. 우리는 모두 요나와 비슷하다. 우리가 니느웨로 부르심 받지는 않겠지만, 거의 모든 깨어짐의 경우에, 처음에는 하나님이 우리에게 원하시는 모습과 해야 할 일을 거부하고 싶어 한다. 피할 방법을 찾는다.

요나 이야기의 배경을 설정해 보자. 니느웨는 예루살렘에서 북동쪽으로 약 5백 마일 떨어진 곳에 있는 큰 도시다. 아시리아 제국의 수도인 니느웨는 아름다움, 웅장함, 거대함, 권력으로 유명하다. 니느웨 사람들은 포로를 잔인하게 고문하기로 이름난 사나운 전사들이다. 요나 시대에 아시리아인들은 주변 약소국과 종족들을 침략하고 있었다. 이스라엘이 공격당하는 것은 시간문제였다. 요나는 이것을 알고 그런 곳에 가서, 그런 위험한 사람들에게 하나님의 심판을 선포하라는 하나님의 부르심은 이해하기 어려운 일이었다.

핵심을 말하면, 하나님은 요나에게 적국에 가서 회개를
선포하라고 명령하신 것이다. 요나는 니느웨가 구원받지
않고 멸망하기를 원했다(욘 4:1-3).

요나는 적국이 자신의 길을 회개하고 하나님이 용서해
주시는 것을 보느니 차라리 스스로 죽고자 했다. 요나는
아시리아인들에게 적개심을 품었고 증오했기 때문에 하
나님께 불순종하고 그로 인해 죽으려고 했다. 그는 욥바로
가서 다시스 가는 배표를 샀는데, 다시스는 오늘날 스페인
에 위치한 도시로 여겨진다.

하나님이 무엇인가를 요구하셨는데, "하나님, 그 일을
하지 않겠습니다"라거나 "하나님, 지금은 안 되고 나중에
하겠습니다"라고 말한 적이 있는가? 때때로 "하나님, 하나
님이 무슨 말씀을 하시는지 알고 있습니다. 하지만 그 일
을 하는데 더 좋은 방법이 있습니다"라는 식으로 불순종하
기도 한다. 명쾌하게 하나님께 즉시 순종하지 않으면 그것
은 불순종하는 것이다.

불순종은 즉각적인 반응을 일으킨다

하나님은 불순종하는 행동에 즉각적으로 반응하신다. 요나의 삶에 그러셨던 것처럼, 하나님은 우리의 삶에 폭풍을 보내신다. 요나가 다시스로 가는 배를 타고 바다에 나가자마자 무서운 폭풍이 일어났고, 요나가 탄 배는 침몰하기 직전이었다. 선원들은 배를 가볍게 하고 폭풍을 견디기 위해 물건들을 바다로 던지기 시작했다. 요나는 배 밑층에서 자고 있었다. 요나는 하나님에게서 도망칠 뿐만 아니라 하나님을 애써 무시하고 있었다.

마침내 선장은 요나를 깨우면서 말했다. "자는 자여 어찌함이냐 일어나서 네 하나님께 구하라 혹시 하나님이 우리를 생각하사 망하지 아니하게 하시리라"(욘 1:6).

요나가 하나님께 속삭이기라도 했다는 언급은 없다. 폭풍은 더욱 거세어졌다.

하나님께 불순종할 때, 누군가 와서 우리에게 무엇을 하고 있는지 물을 수 있다. 당신의 삶에 이런 일이 일어나면, 당신이 위험에 빠졌음을 경고하는 그들의 말에 귀를 기울여라.

최근에 나는 아내가 죽은 지 얼마 안 되어 다른 여자와 데이트를 시작한 한 남자의 이야기를 들었다. 그 여자는 사생아로 태어난 두 아이의 엄마로 두 번 결혼하고 이혼했다. 그녀는 단정하지 못한 생활로 이름나 있었다. 그가 그녀와 데이트를 할수록, 그가 그녀에게 진지해질수록, 친구와 친척 들은 그에게 "그녀는 너에게 맞지 않아"라고 말했다. 그는 그들의 모든 경고를 무시했다.

어느 날 여자는 자신에 대한 사랑의 증거로 집문서를 달라고 요구했다. 그가 거절하자, 그녀는 욕을 하면서 그를 때리기 시작했다. 자신에게 폭력을 휘두르는 그녀를 방어하며 제지하던 중에 그녀의 팔에 상처를 내고 말았다. 그녀는 경찰을 불렀고, 그는 폭행죄로 체포되었다.

이 일로 그는 정신을 차렸다. 나중에 그는 이렇게 인정했다. "나는 하나님께 완전히 불순종했습니다. 하나님은 나에게 이 여자와 교제하면 안 된다고 말씀하셨습니다. 하지만 아내의 죽음 때문에 하나님께 화가 나 있었습니다. 아내는 내 첫사랑이었고, 30년 넘게 행복한 결혼 생활을 했습니다. 나는 신실한 친구들의 조언을 무시했습니다. 그리고 그 대가를 치렀습니다."

다행히 그는 자신과 자녀들이 치명적인 상처를 입기 전에 하나님께 불순종한 죄를 회개했다.

요나의 상황은 그렇지 않았다. 마침내 선원들은 폭풍이 배에 타고 있는 누군가를 벌하기 위한 것이라고 결론 내렸다. 그들은 폭풍을 몰고 온 사람을 알아내기 위해 제비를 뽑았다. 그들은 십중팔구 자루에 돌을 넣었을 것이다. 하나는 검은색 돌, 나머지는 하얀색 돌. 각자 돌을 하나씩 꺼내고, 검은색 돌을 잡은 사람을 죄인으로 간주하였다. 분명히 검은색 돌을 요나가 잡았을 것이다.

선원들은 "당신은 누구인가?"라고 물었다.

요나는 대답했다. "나는 히브리 사람이요 바다와 육지를 지으신 하늘의 하나님 여호와를 경외하는 자로라"(욘 1:9).

그러자 선원들이 물었다. "너는 무슨 일을 행하였느냐?" 요나는 자신이 하나님을 피해 도망가고 있음을 인정했다.

"우리가 너를 어떻게 하여야 바다가 우리를 위하여 잔잔하겠느냐"(욘 1:11).

요나는 말했다. "나를 들어 바다에 던지라 그리하면 바다가 너희를 위하여 잔잔하리라 너희가 이 큰 폭풍을 만난 것이 나 때문인 줄을 내가 아노라"(욘 1:12).

거센 파도와 매서운 바람 앞에서도 여전히 적국에 가서 회개의 메시지를 선포하기보다는 죽는 것이 낫다는 결심이 확고했다.

선원들은 요나가 말한 대로 하지 못하고 주저했다. 그들은 배를 육지로 돌리기 위해 최선을 다했다. 하지만 바다는 점점 더 흉용해졌다. 마침내 그들은 하나님께 부르짖어 그들의 행위에 대한 책임을 묻지 말아달라고 간구하고 요나를 바다에 던졌다.

폭풍우 치는 바다에서 요나를 기다리고 있는 것은 큰 물고기였다. 성경은 하나님이 예비하신 물고기라고 말한다. 어떤 종류의 물고기인지는 알 수 없다. 작은 자동차를 삼킬 정도로 큰 고래가 있기 때문에 아마 고래일 가능성이 클 것이다. 중요한 것은 요나를 삼키도록 하나님이 큰 물고기를 준비하셨다는 것이다. 하나님은 요나를 그 물고기 속에서 살게 하셨다. 요나는 죽으려고 했지만 죽을 수 없었다. 요나에게는 아직 이루어지지 않은 하나님의 목적이 있었다. 하나님은 요나를 죽이는 것이 아니라, 그를 깨뜨리는 중이셨다. 하나님은 요나가 죽는 것을 원하지 않으셨다. 하나님은 요나가 살아서 니느웨에서 말씀을 선포하기 원하셨다.

큰 물고기 속에서 삼 일 낮과 삼 일 밤을 보낸 후에 요나는 하나님께 기도했다. 요나는 깨어짐에 순복한 사람들이 드리는 기도를 드렸다. 요나는 하나님의 선지자로서 자기가 서원했던 일을 행하겠다고 하나님께 선언했다(욘 2:1-9).

요나는 마침내 자기 뜻을 하나님께 온전히 복종시켰다. 요나는 완전히 항복했다. 그리고 성경은 "여호와께서 그 물고기에게 말씀하시매 요나를 육지에 토하니라"(욘 2:10)고 기록한다.

요나는 니느웨로 갔다. 그는 삼 일 동안 도시를 다니며 이렇게 선포했다. "사십 일이 지나면 니느웨가 무너지리라 하였더니"(욘 3:4).

요나는 니느웨를 사랑하는 마음으로 하나님 말씀을 외치지 않았다. 단지 순종만 하고 있을 뿐이었다. 자기 뜻은 하나님께 복종시켰지만, 자신의 태도까지 그런 것은 아니었다. 그는 연민이나 자비가 아닌 분노로 선포했다. 그는 하나님이 시키신 일을 하고 있었지만, 사랑의 마음으로 행하지 않았다. 니느웨 백성이 회개하는 것을 진심으로 원하지 않았다. 그의 말은 옳았지만, 그의 동기는 옳지 않았다.

요나의 의지는 깨어지고 하나님께 드러졌디. 이제 하나님은 요나의 태도에 개입하신다.

요나는 실망했겠지만, 니느웨 사람들은 요나의 메시지를 받아들였다. 그들은 하나님을 믿고 금식을 선포했다. "높고 낮은 자를 막론하고" 굵은 베옷을 입고 회개했다. 니느웨의 왕은 보좌에서 일어나 왕복 대신 굵은 베옷을 입고 재 위에 앉았다. 왕은 아무도 먹거나 마시지 말고, 굵은 베옷을 입고 힘써 하나님께 부르짖으라고 명령했다. 왕은 "각기 악한 길과 손으로 행한 강포에서 떠날 것이라 하나님이 뜻을 돌이키시고 그 진노를 그치사 우리가 멸망하지 않게 하시리라 그렇지 않을 줄을 누가 알겠느냐"(욘 3:8, 9)고 선언했다.

하나님은 요나의 삶에서 니느웨 사람들을 도구로 사용하셨다. 또한 하나님은 니느웨 사람들의 삶에서 요나를 도구로 사용하셨다. 그러나 요나와는 다르게 니느웨 사람들은 하나님이 깨뜨리는 과정에 즉각적으로 응답했다. 그들은 즉시 회개했다. 그래서 성경은 "하나님이 그들이 행한 것 곧 그 악한 길에서 돌이켜 떠난 것을 보시고 하나님이 뜻을 돌이키사 그들에게 내리리라고 말씀하신 재앙을 내리지 아니하시니라"(욘 3:10)고 말한다.

하나님이 니느웨를 깨뜨리는 과정은 완성되었다. 그러나 요나에 대한 하나님의 일하심은 끝나지 않았다. 여전히 요나는 니느웨 사람들이 회개하고 구원받는 것을 보면서 살아 있기보다는 차라리 죽고 싶었다. 여전히 요나는 하나님께 분노하고 있었고, 니느웨 사람들에게 화를 내고 있었다. 하나님은 요나에게 "네가 성내는 것이 옳으냐"고 물으셨다.

요나는 그 질문에 대답하지 않았다. 대신 성읍 동쪽에 앉아서 무슨 일이 일어나는지를 보려고 기다렸다. 요나를 다루시기 위해 하나님은 다시 그에게 교훈을 주셨다. 박 넝쿨이 빨리 자라 요나에게 그늘이 되게 하셨다. 그러나 다음날 새벽이 되었을 때 벌레가 박 넝쿨을 갉아 먹어 시들고 말았다. 해가 떠오르자 뜨거운 동풍이 불었고 햇볕이 너무 뜨거워서 요나는 정신이 혼미해졌다. 박 넝쿨로 인해 하나님께 감사하기보다는, 벌레와 뜨거운 동풍으로 인한 교훈을 받아들이기보다는, 요나는 여전히 "사는 것보다 죽는 것이 내게 나으니이다"라고 말한다.

하나님은 다시 요나에게 물으셨다. "네가 이 박 넝쿨로 말미암아 성내는 것이 어찌 옳으냐."

요나는 대답했다. "내가 성내어 죽기까지 할지라도 옳으니이다."

우리가 아는 한 이것이 하나님께 대한 요나의 마지막 말이었다. 이 이야기는 하나님 말씀으로 끝난다. "여호와께서 이르시되 네가 수고도 아니하였고 재배도 아니하였고 하룻밤에 났다가 하룻밤에 말라버린 이 박 넝쿨을 아꼈거든 하물며 이 큰 성읍 니느웨에는 좌우를 분변하지 못하는 자가 십이만여 명이요 가축도 많이 있나니 내가 어찌 아끼지 아니하겠느냐 하시니라"(욘 4:10, 11).

성경은 요나의 대답을 기록하지 않는다. 요나가 또 다른 사역을 했는지 알 수는 없다. 요나의 마음이 변하기 전까지는, 자기 뜻을 꺾기 전까지는, 하나님은 요나를 쓰실 수 없었을 것이다. 그리고 요나는 순종하기를 거절했다.

물론 요나의 이야기는 역사로만 국한되지 않는다. 계속해서 일어나고 있는 일이다. 최근에 나는 하나님이 설교자로 부르신 한 사람에 대한 이야기를 들었다. 그는 큰 회사에서 뛰어나게 일을 잘하고 있었다. 그는 설교는 시간이 날 때만 하고, 높은 연봉을 받는 직업을 계속 유지하기로 했다. 자신이 버는 돈으로 사역하면서 어떤 교회에도 사례비를 요구하지 않겠다고 말함으로 이 상황을 정당화했다.

이 사람은 직장을 잃었고, 그다음에는 가족을 잃었다. 그의 모든 삶은 산산이 무너졌다. 그는 결국 "하나님의 뜻대로 하겠습니다"라고 말할 수밖에 없었다. 하나님은 그의 가족을 회복시켜 주셨다. 40세가 되었을 때 신학교에 입학했고, 설교사역을 감당했다. 그는 지금 훨씬 적은 돈을 벌고 있지만, 예전보다 더 큰 성취감을 누리고 있다. 아내와 자녀들은 행복하고 협력적이다. 그는 자신의 인생에서 처음으로 의미 있는 삶을 살고 있다고 고백했다.

지금 당신은 하나님께 어떻게 반응하고 있는가? 대적에 대해서는 어떻게 반응하고 있는가? 계획하거나 원하는 대로 되지 않는 상황에 대해 어떻게 반응하고 있는가? 하나님은 당신의 뜻과 태도를 바꾸기 바라신다. 하나님이 그렇게 하시도록 기꺼이 내어드리겠는가?

모든 사람에 대한 하나님의 세 가지 부르심

모든 사람에 대한 하나님의 부르심은 최소한 세 가지다. 첫 번째는 구원(salvation)에 대한 부르심이다. 갈보리에서 흘리신 예수 그리스도의 보혈이 죄를 용서받기에 충분한, 대속적인, 기름 부음 받은 죽음인 것을 믿음으로 인정하고 죄를 회개하는 것이다.

두 번째는 성화(sanctification) 혹은 구별됨에 대한 부르심이다. 이것은 죄가 더는 우리 삶을 지배하지 않도록 하나님께 전적으로 헌신하는 삶으로의 부르심이다. 이것은 우리 안에 내주하시는 성령의 능력이 우리 삶을 인도하시고 유혹에 저항할 수 있도록 도와준다.

하나님이 말씀하시는 세 번째는 봉사(service)에 대한 부르심이다. 이 부르심은 가정에서, 직장에서, 선교지에서, 자원봉사 영역에서, 다른 수많은 활동 영역에서 하나님을 위해 봉사하는 것일 수 있다. 봉사에 대한 하나님의 부르심은 항상 매우 개인적이고, 개인의 재능, 능력, 은사, 하나님께 쓰임 받고자 하는 의지에 따라 매우 구체적이다.

어떤 사람들은 구원에 대한 부르심을 거절한다. 그들은

복음의 메시지를 거부한다. 그들이 구원의 부르심을 받아들이기까지 하나님은 그들에게 성화나 봉사에 대한 부르심을 말씀하실 수 없다. 그래서 그들을 향한 하나님의 일하심은 집요하게, 악착같이, 흔들리지 않고 그들이 구원받도록 부르시는 것이다. 하나님의 깨뜨리는 사역은 그 사람이 예수 그리스도를 영접하고 죄를 회개하는데 모든 초점이 맞춰져 있다.

어떤 사람들은 성화에 대한 부르심을 거절한다. 그들은 하나님의 용서를 받아들이고 영적으로 회심했다. 하지만 성령님의 일상적인 인도하심에 순종하기를 거절한다. 하나님이 원하시는 방법보다는 세상의 방식대로 살고 싶어 한다. 예수님을 구주로 영접했지만, 자신의 주님으로 모시고 온전히 순종하겠다는 결심은 하지 않는다. 그들이 성화에 대한 이 부르심을 받아들이기 전까지 하나님은 초자연적 사역 혹은 봉사에 대한 부르심을 말씀하실 수 없다. 그들이 하나님께 순종할 때까지 하나님은 그들의 삶에서 집요하게 움직이신다. 깨어짐을 향한 하나님의 모든 사역은 그 사람이 성화에 대한 부르심을 받아들이게 하는 데 초점이 맞춰져 있다.

어떤 사람들은 봉사 혹은 초자연적 사역에 대한 하나님의 부르심을 거절한다. 그들은 하나님이 "나는 네가 이 일을 하기 원한다"라고 말씀하시는 것을 듣는다. 그들은 "하나님이 무슨 말씀을 하시는지 알고 있습니다. 하지만 우선 다른 일을, (아니면) 그 일 대신 이 일을 하고 싶습니다"라고 대답한다. 하나님이 말씀하신 목적을 이루는 데 자신의 방법도 한 가지 방법이라고 말함으로 자신의 선택을 정당화한다.

내가 아는 어떤 자매는 하나님이 분명히 말씀하시는 것을 들었다. "너는 일을 해서는 안 된다. 집에서 세 명의 자녀를 잘 양육해야 한다. 수입은 줄겠지만 자녀들은 더 많은 사랑, 더 많은 기쁨, 더 많은 행복, 더 많은 훈련을 받으면서 성장하게 될 것이다. 이것이 너와 그들을 위한 나의 뜻이다."

그녀는 말했다. "목사님, 나는 하나님 말씀에 불순종했습니다. 집 밖에서 사역하고 싶었습니다. 어디에서건 사역을 잘하면, 내 아이들이 나를 존경하고 하나님을 섬기고 싶어 할 것 같았습니다. 또 사업을 하면서 복음을 전하면 사람들을 전도할 수 있다고 생각했습니다. 아이들은 내가 하나님을 거역한 것에 정면으로 맞섰습니다. 아이들은 지금 중학생과 고등학생인데, 큰 해가 될 수 있는 일을 해보라는 친구들의 유혹에 흔들리고 있었습니다. 그래서 일을 그만두고 아이들과 집에 있기로 했습니다. 지난 세월을 보상할 수는 없습니다. 하지만 아이들의 삶에 내가 아직도 영향을 줄 수 있으면 좋겠습니다."

구체적인 봉사에 대한 하나님의 부르심을 거절한 사람들은 자신이 선택한 삶 속에서 참된 만족이나 성취감을 결코 찾지 못한다. 우리가 요나에게 무엇인가를 배운다면, 요나는 전혀 기쁨이 없었다는 것이다. 불순종은 행복을 주지 않는다. 오직 슬픔, 우울, 분노, 쓰라림, 좌절만 줄 뿐이다.

하나님이 당신에게 무엇인가를 하라고 말씀하실 때, 당신이 대안으로 제시하는 것은 그 어떤 것도 전혀 가치가 없다.

하나님은 나에게 "이렇게 일하기를 원하는가?"라고 말씀하신 적이 한 번도 없다. 하나님은 나에게 "이 일 하는 것을 어떻게 생각하는가?"라고 말씀하신 적도 없다. 하나님은 나에게 "이 일을 제발 해주겠니?"라고 말씀하신 적어도 없다. 하나님은 매우 직접적이다. "이것이 바로 내가 네게 원하는 일이다"라고 말씀하신다. 하나님의 지시는 매우 분명하고 절대적이고 확고하다.

불순종의 원인

하나님께 불순종하는 데는 여러 가지 원인이 있다.

교만

우리 삶에서 불순종하는 가장 중요한 원인은 교만이다. 자신의 방식대로 무엇인가를 하기로 선택하고 하나님의 부르심을 거절할 때마다, "하나님, 나는 하나님보다 더 잘 알고 있습니다"라고 말하는 것과 같다.

사람들은 구원에 대한 하나님의 부르심을 거절하면서, "하나님, 나는 구원에 대해 하나님보다 잘 알고 있습니다. 예수 그리스도 없이 구원받을 방법을 알고 있습니다. 예수님 없이 영생 얻을 방법을 알고 있습니다"라고 말한다.

사람들은 성화에 대한 하나님의 부르심을 거절하면서, "하나님, 세상적으로 살면서도 구원받는 방법을 하나님보다 잘 알고 있습니다. 어떻게 결정해야 하는지, 어떻게 내 문제를 해결해야 하는지 잘 알고 있습니다. 의로움이 무엇인지 하나님보다 잘 알고 있습니다"라고 말한다.

사람들은 봉사에 대한 하나님의 부르심을 거절하면서, "하나님, 내게 맞는 사역이 무엇인지 알고 있습니다. 능률적으로 일하는 방법, 의미 있는 삶을 사는 방법을 알고 있습니다. 나 자신의 영적 운명을 분명히 알 수 있습니다"라고 말한다.

이들은 모두 틀렸다. 하나님은 영생을 얻는 길인 예수 그리스도를 주셨다. 예수님은 "내가 곧 길이요 진리요 생명이니"(요 14:6)라고 말씀하셨다. 예수님은 '내가 하나의 길(a way)'이라고 말씀하지 않으셨다. '내가 바로 그 길(the way)'이라고 말씀하셨다. 하나님은 구원의 길을 주셨을 뿐만 아니라, 현재 진행되고 있는 성령님의 사역을 통해 우리가 성화 되고 날마다 인도하심을 받을 방법을 주셨다. 하나님의 방법과 방식을 거절하고 우리 자신의 방법을 선택할 때, 교만하게 불순종하는 것이다.

두려움

불순종의 두 번째 중요한 원인은 두려움이다. 요나는 아마 니느웨로 가는 것이 두려웠을 것이다. 니느웨 사람들은 우상을 숭배하고, 사악하고, 타락했다. 믿을 수 없는 사람들이었다. 요나는 이스라엘의 적국이며 수많은 우상을 섬기고 있는 사람들에게 오직 한 분이신 참된 하나님 여호와를 선포하면서 니느웨 거리를 걸어 다닐 때 히브리인에 대한 큰 박해가 두려웠을 것이다. 또 요나는 하나님이 니느웨를 용서하실까 봐 분명히 두려워하고 있었다. 요나는 하나님이 니느웨를 용서하시고 하나님 백성의 삶에서 무엇인가를 깨뜨리기 위해 니느웨 사람들이 이스라엘 백성을 대적하게 하실까 봐 두려웠을 수도 있다.

교만과 두려움은 오늘날 우리 삶에서 하나님께 불순종하는 가장 근원적인 두 가지 원인이다.

자신에게 물어보라. "하나님이 나에게 행하라고 말씀하시는 것, 포기하라고 말씀하시는 것, 변화되라고 말씀하시는 것이 무엇인지 알면서도 왜 나는 불순종하고 있는가?"

당신은 무엇을 두려워하고 있는가? 당신이 불순종할 때, 교만은 어떤 모습으로 나타나고 있는가?

당신의 삶에서 교만과 두려움의 힘이 강할수록 불순종하는 성향도 더 커진다.

의지력

자만심이 강한 사람들은 성격이 매우 강하다. 그들은 강한 의지를 갖추고 있다. 많은 비난과 반대를 감당할 수 있고, 사랑 없이도 살아갈 수 있으며, 위기가 있어도 그대로 밀고 나간다. 주도적인 결정권, 고집, 자기 확신이 너무 강해서 아무리 큰 압력이 있어도 계속해서 불순종한다.

정신력

어떤 사람들은 정신력이 매우 강하다. 그들은 매우 영리해서 상황을 어떻게 처리해야 할지 혹은 어떻게 피해 가야 할지 알고 있다. 그들은 하나님의 깨뜨리는 과정을 빠져나갈 방법을 생각해 내기도 한다. 하나님이 가하시는 압력이 커질수록, 그들은 그들만의 '차선책'을 점점 더 많이 만들어낸다. 하나님이 행하시는 모든 일에도 불구하고, 다소 엉뚱하게 계속해서 우회하는 방법을 찾아내면서 그렇게 계속 움직인다.

결국 우리는 자기 삶을 조정할 수 있는 정신적·감정적·영적 능력의 종착지에 다다른다. 그 순간은 임종 시에 나가오기도 한다. 거의 확실하게 그 순간은 죽음의 순간에 온다.

하나님의 뜻은 우리가 교만과 두려움을 인정하고 하나님께 이렇게 기도하는 것이다.

"혼자서는 삶을 이해할 수 없습니다. 참된 기쁨, 소망, 성취를 얻을 방법을 행할 수 없습니다. 하나님, 나는 하나님이 필요합니다. 나를 위해 정말 의미 있고 중요한 일을 하실 것을 믿습니다."

자신의 불순종을 무시하려고 함

대부분 사람은 어떤 때는 자신의 불순종을 무시하려고 애쓴다. 자신의 결정을 정당화하기 위한 갖가지 방법을 찾는다.

때로는 우리가 느끼고 있는 감정이나 겪고 있는 깨어짐에 대해 다른 사람을 탓한다. 우리는 자신에게 말한다. "저 사람이 잘못하지만 않았으면 내가 이 어려움에 빠지지 않았을 텐데. 저 사람 때문에 이 문제가 일어나지 않았다면 내가 이렇게 느끼지 않을 텐데."

때로는 과거나 현재 상황을 탓한다. 우리는 이렇게 말한다. "나는 이런 식으로 자랐어. 그래서 이렇게 살아가고 이렇게 반응하는 것밖에 몰라. 하나님은 내 과거를 아시고, 내가 이렇게 반응할 것도 알고 계셔."

우리는 계속해서 합리화하고 도망치고 불순종한다. 사람들이 계속해서 자신을 정당화하고, 다른 사람을 탓할 때, 바로 그들이 깨어짐을 거부하고 불순종하고 있다는 확실한 증거가 된다.

여러 번에 걸쳐 기독교 상담사와 상담했던 한 여자가 있다. "하나님 말씀은 이렇게 기록되어 있습니다"라고 상담사가 말할 때마다, 그녀는 그 성경 구절을 보고 "하지만, 그렇지만, 그래도"라는 말로 시작하는 이야기를 늘어놓았다. 그녀는 결국 그 상담사와의 상담을 거절했다. 그녀는 진실을 듣고 싶지 않았기 때문에 그 상담사의 말이 싫었던 것이다. 그녀는 오직 자기 이야기만 하고 싶었다. 그것은 하나님께 반항하는 행동이다.

올바른 반응은 이렇게 고백하는 것이다. "나는 하나님

께 불순종했습니다." 우리가 이 결론에 빨리 도달할수록, 내 행동의 실체를 빨리 이해할수록, 깨어짐을 해결할 방법을 더 빨리 찾을 수 있다.

불순종에 대한 큰 대가

하나님께 불순종한 요나는 어떤 대가를 치렀는가? 우리도 똑같은 대가를 치르게 된다.

가족을 잃음. 요나는 백성들과 분리되었다. 요나는 자기 나라에서 2천 마일이나 떨어진 곳으로 가려고 표를 샀다. 하나님께 불순종하면 가장 사랑하는 사람들과의 관계를 잃게 될 것이다. 다시스로 도망가기로 선택하면서 요나는 자기 일도 잃게 되었다.

일을 잃음. 요나가 어떤 직업을 가졌든지 간에, 낯선 땅에서 알려지지 않는 삶을 살기 위해 포기했을 것이다.

수입을 잃음. 일을 잃음으로써 요나는 수입도 잃었다.

돈과 재산을 잃음. 요나는 다시스로 가는 표를 사는데 분명히 큰돈을 지불했을 것이다. 뱃짐을 바다에 던졌을 때, 요나가 배에 실었던 세상적인 재산도 버려졌을 가능성이 크다. 그때 그 재산을 버리지 않았어도 요나 자신이 바다에 던져졌을 때 세상의 모든 재산을 잃었다.

죄의식을 겪음. 요나는 물질적, 유형의, 인간관계의 손실을 겪었을 뿐만 아니라 죄의식도 겪었다. 요나는 자신이 하나님께 불순종하고 있음을 알았다.

하나님과의 불화. 요나는 하나님과 교제하는 자리에서 벗어났다.

폭풍을 만나고 물고기 뱃속에서 삼 일 낮과 밤을 지낸 모든 경험은 틀림없이 끔찍했을 것이다. 물고기 뱃속에서 나는 악취를 상상할 수 있겠는가? 산소를 얻기 위한 몸부림, 자신의 몸이 점차 퇴화하는 것이 느껴질 때를 상상할 수 있겠는가?

감정의 굴레를 겪음. 이 모든 상실은 다른 사람도 겪을 수 있겠지만, 요나는 큰 감정의 굴레도 겪었다. 분노, 증오, 비통함은 항상 우리를 구속한다. 우리가 다른 사람들에게 이러한 감정을 갖게 되면, 우리는 감정의 노예가 된다. 분노는 우리를 괴롭힌다. 분노는 미래에 대한 비전을 가리고, 삶에 대한 열정을 꺾고, 기쁨을 빼앗아 간다. 비통함은 사랑하고 사랑받는 능력을 저해한다. 화내고 증오하는 것은 믿음을 지워버린다. 요나는 큰 감정의 소용돌이에 처해 있었다. 마치 하나님이 그늘을 만들려고 주셨던 박 넝쿨을 벌레가 갉아 먹은 것처럼, 요나의 태도가 그의 마음을 갉아 먹었다. 그래서 요나는 인간으로서 시들어 버렸다.

요나의 가족에 대해 우리는 알 수 없지만, 요나의 불순종으로 인해 그들도 고통을 겪었을 것이다. 불순종하는 사람의 가족이나 사랑하는 사람들도 비슷한 고통을 받는다.

하나님께 불순종하면 큰 대가를 치를 수밖에 없다. 계속해서 하나님께 불순종하면 하나님은 결국 말씀하신다. "좋아, 네가 이겼다. 하지만 너는 실패했다." 하나님은 우리가 직접 선택한 바로 그 상태에 우리를 그냥 놔두실 것이다.

우리가 구원에 대한 하나님의 부르심을 받아들이지 않으면, 우리는 구원받지 못하고 잃어버린 상태에 머무르게 된다.

우리가 성화에 대한 하나님의 부르심을 받아들이지 않으면, 우리는 계속해서 유혹과 싸우고 잘못된 선택, 옳지 못한 결정과 죄로 인한 결과에 머무르게 된다.

우리가 봉사에 대한 하나님의 부르심을 받아들이지 않으면, 우리는 우리 삶의 참된 의미와 목적을 찾느라 애쓰면서 아무것도 이루지 못한 상태에 머무르게 된다.

불순종은 우리의 성장을 멈추게 한다. 우리의 온전함을 빼앗는다. 영적으로 성장할 수 있는 능력을 가로막는다.

불순종하는 사람을 위한 기도

누군가 불순종하고 있다면 우리는 이렇게 기도해야 한다.

"하나님, 저 사람에게 충분한 어려움을 보내 주셔서 하나님께로 돌아오게 해 주십시오."

이것은 하나님께 그 사람을 죽이거나 완전히 멸망시켜 달라는 기도가 아니다. 하나님은 그것을 원하시지 않는다. 우리도 그것을 원해서는 안 된다. 그러나 우리는 하나님이 그들의 의지를 꺾고 하나님께 복종하는 환경과 상황으로 인도하시도록 기도할 수 있다. 이것은 그들의 궁극적인 유익을 위한 것이며, 우리가 기도해야 할 좋은 내용이다.

우리는 그들에게 복수하고 싶거나 그들이 우리에게 행한 대로 똑같이 고통받는 것을 보고 싶기 때문에 그 사람의 삶에 고통을 구하는 기도를 하지 않는다. 그들이 깨어지게 해달라고 우리가 드리는 기도는 그들이 큰 복을 받는 자리에 서게 해달라는 기도다.

일단 누군가 깨어짐을 경험하고 있을 때, 그들을 너무 빨리 돕거나, 위로하거나, 그 고통을 없애 주려고 노력해서는 안 된다. 그렇게 하면 하나님의 일을 방해하는 것이다. 우리는 이렇게 기도해야 한다.

"하나님, 하나님이 그 사람의 삶에 너무 많거나 너무 적은 시련을 주지 않는 것을 알고 있습니다. 그들의 눈을 열어 주셔서 하나님이 그들의 유익을 위해 일하고 계심을 깨닫게 해주십시오. 내가 해야 할 일과 해야 할 말을 가르쳐 주셔서, 그들에게 사랑으로 진리를 말할 수 있도록 해주십시오. 내 행동을 인도해 주셔서 하나님의 일을 방해하지 않게 해주십시오."

수많은 사람이 내게 와서, 그들의 삶에서 어떤 상황을 해결해 주시도록 하나님께 기도해 달라고 요청한다. 그런 대화는 대개 이런 식으로 이루어진다.

"당신의 삶에서 일어나는 일을 하나님이 아신다고 믿습니까?"

"네."

"하나님이 당신을 사랑한다고 믿습니까?"

"네."

"그렇다면 이렇게 기도해야 합니다. 당신이 하나님께 복종할 수 있게 하셔서, 하나님이 무슨 일을 하시든지 하나님의 목적을 이루실 수 있도록 하나님을 인정하게 해달라고 간구해야 합니다. 하나님이 당신을 붙들어주시고 강하게 해주셔서 당신이 이전보다 더 영적으로 강해지고 좋아지고 성숙해지도록 기도할 것입니다. 우리는 당신이 피할 수 있게 해달라고 기도하지 않을 것입니다. 그보다는 당신의 삶에 하나님의 은혜가 임해서 당신이 용기 있게 이상황에 맞설 수 있도록 기도할 것입니다. 하나님이 당신의 유익을 위해 이 상황에서 일하고 계심을 온전히 신뢰할 수 있도록 우리는 기도할 것입니다."

축복에서 벗어남

불순종이 계속되면, 결국 하나님이 우리에게 주시려는 축복을 놓치게 된다. 하나님이 우리를 위해 계획하신 것을 우리는 온전히 받지 못한다. 인생에서 약간의 행복은 얻을 수 있어도 온전한 기쁨은 결코 알 수 없다. 인생에서 약간의 사랑은 경험할 수 있어도 조건 없는 하나님 사랑의 압도적인 경이로움은 결코 알 수 없다. 인생에서 약간의 소망은 가질 수 있어도 우리가 부름 받은 영광의 소망은 결코 온전히 알 수 없다.

하나님께 불순종하면 우리는 하나님의 온전한 능력, 지혜, 임재하심을 경험하지 못한다. 그 때문에 축복을 받지 못한다. 우리 삶에 대한 하나님의 부르심을 거절하는 일은 절대 그럴만한 가치가 없다.

09

많은 열매를 맺기 위한 준비

하나님은 누구신가? 하나님에 대한 당신의 개념은 무엇인가?

내가 아는 대부분의 사람들은 이 질문에 이런 설명으로 쉽게 대답할 것이다. 창조자, 주님, 전능하신 분, 하늘 아버지. 어떤 사람들은 하나님을 '큰 능력자', '위에 계신 분', '근원자'라고 말할 것이다.

예수님은 몇 안 되는 구절로 하나님 아버지를 설명하셨다. 그중 하나가 요한복음 15장 1절에 기록되어 있다. "나는 참포도나무요 내 아버지는 농부라."

킹제임스 성경에는 '농부(gardener)'라는 단어가 '포도나무 재배자(vinedresser)−포도밭을 돌보는 사람'으로 번역되어 있다.

예수님은 계속해서 하나님 아버지에 대해 이렇게 말씀하신다.

"무릇 내게 붙어 있어 열매를 맺지 아니하는 가지는 아버지께서 그것을 제거해 버리시고 무릇 열매를 맺는 가지는 더 열매를 맺게 하려 하여 그것을 깨끗하게 하시느니라 너희는 내가 일러준 말로 이미 깨끗하여졌으니 내 안에 거하라 나도 너희 안에 거하리라 가지가 포도나무에 붙어 있지 아니하면 스스로 열매를 맺을 수 없음 같이 너희도 내 안에 있지 아니하면 그러하리라…나는 포도나무요 너희는 가지라 그가 내 안에, 내가 그 안에 거하면 사람이 열매를 많이 맺나니 나를 떠나서는 너희가 아무것도 할 수 없음이라…너희가 열매를 많이 맺으면 내 아버지께서 영광을 받으실 것이요 너희는 내 제자가 되리라"(요 15:2-8).

하나님은 우리의 쓸데없는 가지를 잘라내시는데, 매우 구체적인 목적을 위해 그렇게 하신다. 그 목적은 우리가 더 많은 열매를 맺을 수 있게 하려는 것이다.

이 구절은 예수님이 요한복음 12장 24절에서 "내가 진실로 진실로 너희에게 이르노니 한 알의 밀이 땅에 떨어져 죽지 아니하면 한 알 그대로 있고 죽으면 많은 열매를 맺느니라"고 하신 말씀에서 되풀이된다.

성경에서 열매는 두 가지 유형이다. 내적 열매, 즉 인격적 자질, 그리고 외적 열매, 하나님께 영광을 돌리고 하나님 나라를 확장하기 위해 행하는 일이다.

성령의 내적 열매

우리가 맺어야 하는 내적 열매는 우리가 자라게 할 수 있는 열매가 아니다. 우리가 주 예수님께 신실할 때, 또는 예수님이 말씀하신 것처럼 우리가 포도나무에 붙어 있을 때 우리 안에서 맺어지는 열매다. 매 순간 우리 삶 속에서, 우리 삶을 통해 일하시는 성령님의 능력을 의지하면서 주님과 더 가까이 붙어서 행할수록, 우리는 이 열매를 더 많이 맺게 된다. 날마다 주님의 인도와 지시에 순종하면서 주님과 가까이 행하는 것 외에 다른 방법으로는 이 열매를 맺을 수 없다.

따라서 열매는 예수님의 열매다. 바울 사도는 "오직 성령의 열매는 사랑과 희락과 화평과 오래 참음과 자비와 양선과 충성과 온유와 절제니"라고 말한 갈라디아서 5장 22, 23절에서 이것을 잘 표현하고 있다.

깨어짐은 내적 열매(하나님을 닮아가는 것)를 맺기 위해 하나님이 사용하시는 방법으로 가지를 쳐내는 과정이다.

우리 안에서 하나님의 일하심

많은 경우에 우리는 하나님이 우리를 위해 일해 주시기를 원한다. 우리의 기도는 바로 지금 하나님이 '기다렸다는 듯이 뭐든지 해주는 사람'이 되어 우리의 필요를 채워주기를 바라는 요구들로 가득 차 있다. 우리가 오늘날 듣고 있는 신학의 많은 부분은 자기중심적이고 이기적이다.

"하나님, 나를 치유해 주십시오. 하나님, 나를 부유하게 해주십시오. 하나님, 나를 축복해 주십시오. 하나님, 나를 보호해 주십시오. 하나님, 나를 위해 이것도, 이것도, 이것도 해주십시오."

하나님은 우주의 중심에 계시지만, 우리는 그렇지 않다. 하나님은 우리에게 하나님을 섬기라고 요구하신다. 하나님은 우리의 심부름꾼이 아니다. 그분은 전능하신 하나님이다. 우리가 요구하면 하나님이 우리의 뜻대로 해주실 것이라고 우리는 잘못 생각하고 있다. 하나님과 올바른 관계는 우리가 하나님의 뜻을 행하는 위치에 있는 것이다.

분명히 하나님은 우리의 생명이다. 하나님 없이는 이 세상에서나 내세에서나 우리에게 생명은 없다. 예수님은 우리에게 생명을 주시려고, 그 생명을 풍성히 주시려고 오셨다. 우리의 생명은 하나님에게서 흘러나온다. 우리 안에서 흘러나오는 하나님의 생명은 그분의 인격과 의지를 포함한다.

우리가 어떻게든 다른 방법으로 하나님을 의지할 때, 우리는 우상숭배에 빠진다. 하나님이 우리에게 주셨으면 좋겠다고 바라는 그 무엇인가를 갈망하는 만큼 우리 안에 하나님의 임재하심을 구하지 않는다면, 우리는 하나님이 주시는 그 물질을 예배하는 만큼도 하나님을 예배하지 않는 것이다. 우리는 물질적인 것을 예배하고 있다.

우상을 포기함

우상숭배는 쉽게 포착하기 어려운 모습일 수 있다. 우리

가 가장 원하지 않는 모습이 '우상숭배'일 것이다. 즉 하나
님이 우리를 깨뜨리실 때, 우리가 어떤 소유물이나 인간관
계에 너무 많은 가치를 두고 있음을 깨닫게 되는 것을 원
하지 않을 것이다.

예전에 나는 모든 카메라 장비를 처분해 버렸다. 처음에
는 그 장비를 '저당 잡혔는데', 약속한 날이 되었을 때 팔기
로 마음먹었다. 나는 사진 찍는 것을 좋아한다. 수년 동안
나는 최상의 카메라와 사진 찍는데 필요한 다양한 장비에
투자해 왔다. 하지만 교회가 어려움을 겪고 있었고, 이 일
에는 많은 자금이 필요했다. 나의 헌금에는 내가 가장 소
중히 여기는 한 가지 소유물이 포함되어 있었다.

이 헌금은 고통스러웠다. 내가 헌금 드리기를 원하는 만
큼, 헌금을 실제로 드리는 일, 시내에서 카메라를 현금으
로 바꾸는 일은 너무 힘들었다. 그러나 내 안에서 무엇인
가가 깨어졌다. 나는 영적으로 자유로워지는 것을 느꼈다.
내가 꼭 붙들고 있던 귀중한 소유물을 '포기한' 것이다. 나
는 하나님이 어떻게 일하고 계신지를 금방 알 수 있었다.
하나님은 교회 안의 필요를 해결하는 데 도움이 되도록 내
헌금을 사용하셨을 뿐만 아니라 내 안의 필요를 해결하시

는 데도 내 헌금을 사용하셨다. 하나님은 내가 너무 중요하게 꼭 붙들고 있는 실제적이고 물질적인 실체를 놓아버리게 하셨다.

결과로 나타났듯이, 나는 정말 카메라를 하나님께 드리고, 삶의 영역에서 나 자신을 새롭게 드렸을 때, 하나님은 주권적인 방법으로 내 카메라와 장비를 나에게 돌려주셨다.

두 달이 지난 어느 날, 문을 두드리는 소리에 나가보니 한 여자가 가방 두 개를 들고 서 있었다. 그녀는 "스탠리 목사님이세요?"라고 물었다. 내가 그렇다고 대답하자, 그녀는 가방을 내려놓고 돌아서서 가버렸다. 가방에는 내 모든 카메라 장비가 들어 있었다. 카메라 상점 주인에게 전화를 하자 그는 간단하게 말했다. "익명을 요구한 어떤 사람이 목사님의 장비를 모두 산 후 목사님께 돌려주라고 했습니다." 나는 카메라와 장비가 그 이름 없는 사람의 선물만이 아님을 알았다. 이것은 하나님이 주신 선물이었다.

나는 수많은 사람의 삶 속에서 이와 똑같은 원리가 작용하는 것을 보았다. 우리가 하나님께 순종하는 것보다 더 집착하고 더 귀중하게 생각하는 무엇인가를 포기할 때, 하나님은 우리에게 훨씬 더 귀중한 것, 더 유익한 무엇인가로 돌려주신다. 어떤 때는 항상 그런 것만은 아니지만, 우리가 포기했던 바로 그것을 돌려주시기도 한다. 또 어떤 때는 다른 것이기는 하지만 더 좋은 것일 때도 있다.

나는 인간관계에서도 이런 일이 일어나는 것을 보았다. 여자든 남자든 자신이 가장 소중하게 생각했던 인간관계를 포기해야 한다는 것을 하나님 앞에서 알게 될 때가 있다. 연인 관계를 끝내야 한다는 것, 어떤 사람과 결혼해서는 안 된다는 것을 하나님은 분명히 말씀하신다. 그들은 큰 고통을 느낀다. 그들은 사랑에 대한 한없는 상실감을 느낀다. 그러나 일단 하나님의 의지에 자신의 의지를 드리면, 마음으로 그 사람을 정말로 포기하면, 하나님은 그들이 잃은 사람보다 훨씬 더 좋고 만족스러운 인간관계를 주시려고 행하신다.

새로운 인간관계에서 하나님은 그 사람의 삶에서 여전히 첫 번째 자리를 고수하신다. 사랑의 올바른 순서가 정립된다. 때로는 하나님이 그들에게 돌려주시는 사람은 그들이 포기했던 바로 그 사람이기도 하다. 또 어떤 때는 다른 사람이기도 하다. 때로 하나님은 독신으로 살도록 인도하시는데, 이는 매우 만족스러운 삶임을 그들은 깨닫게 된다. 중요한 것은 이것이다. 인간관계는 하나님이 가장 많은 사랑을 받는 분이 되게 하는 것이다. 이것이 바로 깨어짐을 통해 하나님이 이루기 원하시는 것이다.

내 카메라와 관련된 상황에서 나는 카메라를 물리적으로 포기할 수는 있었지만, 마음으로는 여전히 포기하지 못했다. 나는 카메라를 그리워했을 수도 있고, 카메라를 처분한 것에 화가 났을 수도 있고, 그것을 되찾고 싶은 마음에 사로잡혔을 수도 있다. 이것은 카메라를 정말로 포기한 것이 아닐 것이다.

인간관계를 포함해서 자신에게 귀중한 어떤 것을 포기하는 모든 사람에게 똑같은 상황이 적용된다. 하나님이 포기하라고 말씀하시는 것을 알고 그것을 포기하지만, 여전히 마음으로는 그 사람이나 그 물건을 '포기하지' 못할 수 있다. 자신이 잃어버린 물건이나 인간관계를 그리워할 수 있다. 그것을 포기한 일에 대해 수년 동안 계속 후회할 수도 있다. 하나님이 무엇인가를 포기하라고 요구하신다면 포기하라. 문자 그대로 그것을 포기하라. 그리고 마음으로도 그것을 포기하라.

모든 것의 모든 것 되시는 하나님

깨어짐으로 인해 우리는 "내 삶에서 가장 중요한 것은 하나님과 하나님의 임재입니다"라고 고백한다. 바로 그때 가 순종하는 상태다. 우리는 우리 안에 내적 열매 맺는 것 을 하나님께 바라고 있다. 친구들에게 보여 주거나, 자랑 하거나, 지위의 상징으로 보여 줄 수 있는 외적 열매를 원 하지 않는다. 우리에게 하나님의 가장 큰 축복은 내적 축 복이며, 그중에서도 가장 중요한 것은 예수님과 같은 성품 의 축복이다.

아침에 일어나서 하나님과 하나님이 우리 안에서, 우리 를 통해서 하시고자 하는 일이 무엇인지 생각하는 사람은 거의 없다. 우리가 하고 싶은 일의 목록을 생각하면서 잠 에서 깬다. 우리의 필요, 우리의 약속, 우리의 일정표, 우 리의 협의 사항 등 자신만을 생각하면서 일어난다. 하나님 이 우리를 깨뜨릴 때는 우리가 마음속에 하나님의 목적을 품고 잠에서 깰 정도가 되는 것을 목표로 하신다.

우리는 이렇게 기도해야 한다. "하나님께 영광을 돌리 기 위해, 하나님은 내가 무엇을 행하고, 무엇을 말하고, 오 늘 하루를 어떻게 보내기를 원하십니까?"

그리스도의 성품 계발하기

바울이 말한 성령의 열매는 예수 그리스도의 성품을 묘사한 것이다. 예수님은 우리가 닮아가야 할 분이다. 예수님의 성품은 다음과 같은 특징이 있다.

사랑(Love). 희생적인 사랑은 그리스도 성품의 특징이다. 사랑은 주는 것이고, 그다음에 더 주는 것이고, 그다음에 더욱더 많이 주는 것이다. 자기중심적이고, 이기적이고, 교만한 성품이 깨지지 않는다면 우리는 이러한 사랑을 줄 수 없다.

희락(Joy). 자신의 삶에서 죄악의 사슬을 끊지 못한 사람은 참된 기쁨을 경험할 수 없다. 우리의 구원은 우리 안에 기쁨을 준다. 우리가 하나님에 의해 깨어질 때마다, 죄는 우리 삶에서 패배하고, 우리는 기쁨을 얻게 된다. 하나님에 의한 깨어짐을 진정으로 경험한 사람은 큰 기쁨을 안다.

여전히 자기 마음대로 하기를 추구하는 사람들은 인간적인 약점, 실패, 연약함에 얽매여 있다. 그들은 좌절하고 다른 사람을 시기하고 경쟁에 빠진다. 그들에게는 기쁨이 없다. 그들에게도 행복의 순간(피상적인 감정)이 있을 수 있다. 하지만 깊은 영적인 차원의 기쁨은 없다.

깨어진 사람들은 기대하는 기쁨을 경험한다. 이 기쁨은 "하나님이 오늘 무슨 일을 행하실지 너무 기대되는군요"라고 말할 수 있는 기쁨이다. 하나님이 우리 삶을 온전히 통치하실 때, 삶은 모험이 된다.

화평(Peace). 깨어짐은 그리스도의 평안(화평), 한 사람의 인격에 스며든 평안을 낳는다. 우리의 삶을 그리스도에게 온전히 드리는 것은, "하나님, 나는 당신의 것입니다. 하나님이 원하시는 것을 행하십시오. 내 삶과 시간은 하나님의 손에 있습니다"라고 고백하는 것이다. 이것은 완전하게 안전한 곳에 거하는 것이다. 하나님은 우리에게 영원한 유익이 되는 것만을 우리 안에서, 우리를 위해 행하실 것이기 때문이다. 우리는 오직 온전히 하나님만을 신뢰한다. 그 결과는 평안이다. 우리는 더는 힘들게 애쓰지 않아도 된다. 우리는 직접 길을 만들거나, 직접 성공을 창조하거나, 일의 모든 결과에 책임을 질 필요가 없다. 하나님이 관리하신다. 우리는 그분의 품 안에서 쉴 수 있다.

이 평안이 우리에게 얼마나 큰 축복인가. 바울은 디모데에 편지했다. "그러나 자족하는 마음이 있으면 경건은 큰 이익이 되느니라"(딤전 6:6).

오래 참음(Patience). 다른 사람과 경쟁할 때, 즉 자신의 영
광을 쌓아 올리려고 하고, 다른 사람을 희생해서라도 그렇
게 하려고 할 때, 우리는 다른 사람에 대해 인내하지 않는
다. 그보다는 '그 일이 되도록' 만들고, 빠르면 빠를수록 더
욱 좋다. 하나님이 우리를 깨뜨릴 때, 우리는 우리의 시간
표와 성공에 대한 우리의 정의가 하나님의 시간표도 아니
고 그분의 정의도 아님을 새롭게 깨닫는다. 우리를 위한
하나님의 방법, 목적, 계획은 우리가 상상했던 것보다 훨
씬 더 높다. 우리가 영원히 하나님의 것임을 안다면, 하나
님이 우리에게 주실 그 풍성함을 위해 하나님을 더욱 기다
리게 된다. 그리고 하나님이 다른 사람의 삶에서 일하고
계심을 더욱 믿게 된다. 다시 말하지만, 하나님의 방법과
시간표에 따라서.

자비(Kindness). 성령의 소원보다 육체의 욕심에 매여 있
을 때, 우리는 자기 마음대로 행하기를 고집한다. 우리는
무엇을 원할 때, 우리가 원하는 것을 원한다. 당연히 내 것
으로 생각되는 것을 갖기 위해 자기중심적이고, 교만한 마
음으로 다른 사람의 의지를 우리의 의지로 밀어붙인다.

깨어짐으로 인해 우리에게는 권리가 없음을 깨닫게 된다. 우리의 모든 권리는 하나님께 넘겨진다. 경쟁심은 우리에게서 사라진다.

경쟁심을 갖지 않는 것이 우리의 힘을 잃게 된다는 뜻은 아니다. 우리는 항상 사탄을 대적할 때 강해야 한다. 기도할 때 담대해야 하고, 복음을 증거할 때 담대해야 한다. 그러나 깨어짐으로 인해 바울이 에베소서에 기록한 것은 큰 깨달음이 될 것이다.

"우리의 씨름은 혈과 육을 상대하는 것이 아니요 통치자들과 권세들과 이 어둠의 세상 주관자들과 하늘에 있는 악의 영들을 상대함이라"(엡 6:12).

바울은 이 싸움에 대해 "주 안에서와 그 힘의 능력으로 강건"(엡 6:10)해야 한다고 말했다. 바울은 고린도 교회에 "깨어 믿음에 굳게 서서 남자답게 강건하라"(고전 16:13)고 편지했다.

우리의 싸움이 사람에 대한 것이 아니고 영적 대적, 즉 우리를 향해 악을 자극하고 충동질하는 존재인 악한 영과의 싸움이라는 것을 분명히 알 때, 우리는 다른 사람에게 친절해야 함을 쉽게 깨닫는다. 우리는 죄를 미워하고 사탄을 대적하는 영적 전쟁을 하고 있지만, 죄인을 사랑할 수 있는 능력도 갖추고 있다.

양선(Goodness). 깨어짐으로 우리는 우리 안에 있는 양선(선함)은 성령이 우리 안에 거하시기 때문이라는 것을 알게 된다. 오직 하나님만이 선하시다. 그리고 하나님은 우리 안에 계시고 우리와 함께하신다. 우리 안에 하나님이 임재하심으로 인해 우리는 선한 일을 하고, 선한 결정을 하고, 선한 해결책을 제안하는 소원을 하게 된다. 하나님의 본성이 선하시기 때문이다.

우리가 깨어지지 않고 하나님께 순종하지 않으면 무엇이 선한 것인지에 대해 여전히 인간적이고 육체 중심적인 정의에 매이게 된다. 우리가 선하다고 정의한 것은 결국에는 우리를 실망시킨다. 좋은(good) 외모가 항상 매력적인 것은 아니다. 선한(good) 마음이 항상 정답을 이끌어내지는 않는다. 충분한(good) 수입이 항상 모든 필요를 채워주지는 않는다. 좋은(good) 집안의 전통이 항상 개인적인 성공으로 이어지는 것은 아니다. 하나님이 선하다고 정의하시는 것만이 영원한 호소력과 유익이 있다.

양선은 용서로 표현된다. 우리는 깨어질 때, 우리를 부당하게 대우한 사람들에게 우리에게 지고 있는 감정적인 빛을 갚도록 더는 요구하지 않는다. 우리는 더 이상 사람들을 조종하거나, 통제하거나, 그들이 행한 일 혹은 그들이 했을 것으로 의심하는 일 때문에 그들을 벌하려고 하지 않을 것이다. 우리는 원한을 품지 않는다. 우리는 곧 이렇게 기도할 수 있게 된다.

"이 사람은 하나님께 속해 있습니다. 이 사람을 하나님께 온전히 맡깁니다. 하나님이 이 사람의 삶 속에서 일하실 것을 믿습니다."

하나님의 선하심 때문에 우리는 다른 사람 안에 있는 선함을 보게 되고, 다른 사람을 세우기 위해 우리가 할 수 있는 일이라면 무엇이든 하게 된다. 양선은 우리가 어려움에 처한 사람을 돕게 하고, 하나님을 알지 못하는 사람을 위해 기도하게 하고, 압제당하는 사람의 편에서 정의를 구하게 한다.

예수님이 하신 일은 모두 선한 것이다. 우리 안에서 흘러나오는 성령님의 선하심을 경험할 때, 우리는 예수님이 하셨던 일을 하게 될 것이고, 그 일을 효과적으로 할 수 있을 것이다.

충성(Faithfulness). 온전히 하나님께 복종하기 전까지 우리에게 만족을 주고, 우리를 도와주고, 우리에게 무엇을 줄 사람이 있는지, 혹은 그런 것이 있는지를 알아보려고 주위를 둘러보거나 찾아다니는 경향이 있다. 마치 오다가다 만나는 재미있는 사람들과 그게 누구든 장난삼아 연애를 거는 남편이나 아내와 같다. 우리 영혼의 참된 연인, 우리를 절대로 떠나지 않으시고, 우리를 실망시키지 않으시고, 우리를 사랑하지 않으실 리가 없는 하나님께 우리는 마음을 다해 충성하지 않는다.

우리는 깨어짐으로 인해 이렇게 고백하게 된다. "나는 진실로 하나님의 것입니다. 아무도 내 영혼을 주장하지 못합니다. 오직 주님만이 하나님입니다." 이것이 바로 참된 흔들림 없는 충성된 자세다.

단 한순간도 예수님이 하나님 아버지를 떠나지 않으신 것처럼, 성령님도 우리 안에 하나님과 함께 있고 싶은 소원, 단 한순간도 하나님을 떠나고 싶지 않은 소원을 품게 하신다.

온유(Gentleness). 깨어지지 않고 하나님께 복종하지 않는 한 우리는 우리의 필요를 채우기 위해 하나님이 아닌 다른 공급자를 찾는다. 우리 자신을 의지한다. 그리고 대부분 우리 자신의 필요를 스스로 채울 수 없음을 즉시 깨닫는다. 그래서 다른 사람을 의지한다. 다른 사람들에게 우리를 사랑해 달라고, 우리를 돌봐 달라고, 우리에게 공급해 달라고, 우리의 모든 감정적인 필요를 채워달라고 요구한다. 결국에는 우리가 우리 자신을 실망시키는 것처럼 다른 사람들도 우리를 실망시킨다는 것을 깨닫는다. 그들은 믿을 만한 공급자가 아니다. 우리의 반응은 그들에게 분노하거나, 그들에게 화를 내거나, 그들에게 비통함을 느끼거나, 그들에게 좌절하고 실망하는 것이다. 우리가 이런 감정을 갖게 되면 무슨 일이 일어날까? 우리는 정말 온유하지 않은 방식으로 행동한다.

우리는 욕설을 퍼붓고 불친절한 말을 한다. 사람들을 거부하고, 당황하게 하고, 대중 앞에서 조소하면서 그들을 함부로 대한다. 사람들을 해고하고, 그들과의 관계를 끊어버린다. 사람들을 가혹하게 대한다. 이러한 행동의 원인은 그들이 우리 기대를 충족시켜 주지 못하는 것에 실망했기 때문이다.

오직 그리스도 예수만이 우리의 모든 기대를 충족시켜

주실 수 있다. 예수님은 우리의 모든 필요를 정말로 만족시켜 주시고, 우리의 모든 감정적인 필요를 채워주실 수 있는 유일한 분이다. 예수님만이 이 세상에서나 앞으로 올 세상에서 우리의 모든 필요를 제공해 주실 수 있는 유일한 분이다.

깨어짐으로 인해 우리는 다른 사람에게 은혜롭고 온유해질 수 있다. 하나님이 우리를 은혜롭고 온유하게 대우해 주셨음을 깨닫기 때문이다. 우리는 다른 사람들의 필요가 하나님에 의해 채워진다고 믿는다. 그래서 고갈되지 않고 서로를 세워주는 건강한 인간관계를 다른 사람들과 맺을 수 있다.

절제(self-control). 모든 주도권을 하나님께 넘겨드릴 때, 하나님은 우리에게 절제를 주신다. 절제는 사탄의 유혹을 거절할 수 있는 능력이다. 우리는 악에 대항할 수 있는 능력을 갖추고 있으며, 구원받지 못한 사람들에게는 이 능력이 없다.

하나님이 우리 안에서 깨뜨리는 특성 중 하나는, 우리 자신의 갈망과 욕구를 충족시키려는 게걸스러운 탐욕이다. 하나님은 우리를 깨뜨려서 하나님이 원하시는 것을 우리도 원하게 하신다. 하나님은 우리가 우리에게 필요한 것과 기쁨이 되는 것을 갖기 원하신다. 우리가 전혀 생각지도 못했던 것이 우리 마음의 깊은 갈망을 충족시켜 주는 일이 자주 있다. 깨어짐은 우리의 욕구를 변화시킨다.

하나님의 내적 임재에 의한 외적 열매

많은 그리스도인이 자신이 나타내야 하는 '외적 열매'는 '교회 사역'이라고 생각한다. 그리고 그리스도인의 삶을 정기적으로 교회에 출석하고, 성경을 읽고, 기도하고, 사람들을 교회로 인도하고, 다양한 위원회, 선교회, 협의회에 소속되어 봉사하는 것으로 정의한다.

깨어짐으로 인해 우리는 복음 증거의 열매를 다시 정의하게 된다. 하나님이 우리에게 맺으라고 말씀하시는 외적 열매는 하나님의 진리를 선포하고 살면서 만나게 되는 사람들의 필요를 채우는 것이다. 우리는 하나님의 사랑과 능력을 증거할 준비를 하고 있어야 한다.

선을 행하고 선한 사업을 많이 하고 나누어 주기를 좋아

하며 너그러운 자가 되게 하라 **딤전 6:18**

너희 속에 있는 소망에 관한 이유를 묻는 자에게는 대답

할 것을 항상 준비하되 온유와 두려움으로 하고 **벧전 3:15**

우리가 '기독교 훈련'(기도, 성경을 읽고 공부하는 것, 교회에
정기적으로 출석하는 것)이라고 부르는 활동의 주요 목적은 필
요가 생겨날 때, 우리의 도움이 필요한 사람을 만나서 즉
시 어떤 행동을 취해야겠다는 동기 부여가 될 때 우리가
해야 할 말을 알기 위한 것이다. 긴박한 위기의 순간에는
영적으로 준비할 시간이 없다. 기독교 훈련은 우리를 그리
스도인으로 만드는 것이 아니라, 참된 그리스도인의 삶을
살도록 준비시키는 것이다. 참된 그리스도인의 삶은 그리
스도의 몸을 세우는 구체적인 섬김의 영역에서 날마다 성
령의 인도하심을 받고, 우리의 삶을 지켜보는 불신자들에
게 능력 있는 증인이 되는 것이다.

앞장에서 말했던 것처럼 분명히 하나님은 우리를 구체
적인 초자연적 사역으로 부르신다. 우리가 구체적으로 사

역할 수 있도록 하나님은 우리에게 은사를 주시고 우리를 준비시켜 주셨다. 하지만 우리가 행동하는 방법과 사역의 영역 안에서 날마다 내리는 결정은, 성령님의 인도하심과 지시하심의 능력을 받아야 한다. 날마다 우리가 해야 할 일을 정해 주시고, 매일 일정표를 다스려 주시도록 성령님을 전적으로 의지해야 한다.

다시 말하지만, 깨어짐의 목적은 우리 삶이 더는 우리 것이 아님을 깨닫는 것이다. 이것은 예수님의 삶이다. 우리는 날마다 예수님이 우리를 통해 살기 원하시는 그 삶에 복종해야 한다.

깨어짐을 통해 깨달은 것은 진심으로 우리의 의지를 하나님의 의지에 복종시키고, 하나님이 우리를 통해 일하시게 할 때, 다른 사람에 대한 우리의 사역이 훨씬 더 능력 있고 효과적이라는 것이다. 실제로 하나님이 제멋대로인 가지를 우리 삶에서 쳐내실수록 우리는 더 많은 열매를 맺을 수 있다.

포도나무에 대해 조금이라도 아는 사람이라면, 포도나무는 해마다 가지치기를 해야 한다는 것을 안다. 겨울이라는 메마른 시기에 가지치기하는 일은 가혹해 보인다. 하지만 봄에 새로운 싹이 움트면 가지치기의 온전한 목적을 볼 수 있다. 가지치기한 포도나무는 더 많은 열매를 맺는다. 오래되고, 죽은, 열매를 맺지 못하는 가지는 잘라내야 한다. 뿌리에서부터 올라오는 모든 영양분은 열매 맺을 수 있는 가지로 곧바로 올라간다. 가지 친 후에도 남아 있는 가지들을 '과수 재목(fruitwood)'이라고 한다.

성령의 사역도 마찬가지다. 우리의 결점과 죄를 쳐낼수록, 하나님이 가지치기 전에 우리가 될 수 있었던 모습과 우리가 할 수 있었던 일보다, 우리는 훨씬 더 큰 존재가 되고 훨씬 더 많은 일을 할 수 있다. 예를 들어, 매우 달변이고 선천적으로 뛰어난 능력과 재능, 성품을 가진 사람이 있다. 그 사람은 대단한 카리스마를 가지고 있으며 침착한 사람일 수 있다. 그러나 선천적 자질들이 발휘되는 과정의 핵심에 하나님이 없으면, 그것들은 공허하고, 거짓되고, 이기적이 될 것이다. 오직 우리 삶의 중심 자리를 하나님께 드릴 때, 우리의 타고난 재능이 진정으로 발휘되고, 좋은 평가를 받게 될 것이다. 우리는 더 많은 열매를 맺을 수 있도록 기꺼이 깨어져야 한다.

당신의 삶에서 진심으로 하나님의 최선을 바라는가?

하나님이 당신에게 바라시는 것을 진심으로 원하는가?

하나님이 주시는 최상의 축복을 경험하기 갈망하는가?

새로운 성품(주 예수 그리스도의 성품)이라는 축복을 받는 방법은, 개인적 사역과 다른 사람들을 위한 섬김에 있어서 새로운 능력을 받는 방법에는 깨어짐이 포함된다. 하나님에게 우리를 위한 다른 계획은 없다. 깨어짐은 축복을 주시기 위한 하나님의 방법이다.

오늘 하나님이 당신 안에서 일하시게 하라. 하나님이 당신에게 가르쳐 주신 교훈에 순종하라. 당신의 의지를 하나님의 의지에 복종시켜라. 그리고 하나님이 당신을 위해 얼마나 좋은 것을 준비하셨는가를 보라.

10

축복의 약속

축복은 무엇인가?

오늘날 우리가 사는 세상에서는 종종 '축복'이 '성공, 부유함(prosperity)'으로 정의되기도 한다. 넉넉한 재산을 갖는 것과 청구서대로 지급할 수 있는 것도 축복이지만, 하나님이 주시는 참된 축복은 돈을 벌거나, 재산을 얻거나, 재산을 쌓아두는 것 이상이라고 확신한다.

많은 독신 남자와 여자 들은 '축복'을 결혼이라고 정의한다. 부모들은 자녀를 축복이라고 생각한다. 건강, 타고난 아름다움, 의미 있는 직업은 하나님이 주신 축복이다.

이러한 축복조차도 그 자체로 놀라운 것이지만, 축복의 온전한 의미로는 부족하다.

하나님이 주시는 축복은 우리의 영원한 유익이나 선을 목적으로 한다. 참된 축복에는 항상 영원한 요소가 있다.

바울의 깨어짐과 축복

바울 사도는 깨어짐이 무엇인지를 알았다. 또한 하나님의 축복을 경험한다는 것, 특히 깨어지는 중에 흘러나오는 축복을 경험하는 것이 무엇인지를 알았다. 바울의 일생은 신약에서 놀라운 기적 중 하나다.

바울은 다소의 사울로 태어났다. 그는 위대한 유산과 강력한 배경을 가지고 있었다. 의로운 유대인으로 성장했고 로마 시민권이 있었다. 종교적 열심 때문에 바울은 초대 기독교 교회를 강하게 핍박했다. 그리스도인을 감옥에 가두고 죽이기까지 했다. 그는 이스라엘 경계 밖에서 그리스도인을 핍박하기 위해 다메섹으로 가는 길이었다. 그때 예수 그리스도가 밝은 빛으로 나타나 말씀하시면서 바울과 대면하셨다. 바울은 자신의 삶을 그리스도에게 드렸고, 하나님의 용서를 받았다.

바울은 의지가 강했고 공격적이었다. 어떤 대가를 치르더라도 일을 완수하는 데 단호했다. 주 예수 그리스도가 바울을 구원하셨을 때, 그는 어떤 사람이었는가? 다듬어지지 않은 보석이었다. 하나님은 바울의 삶을 온전하게 하고 준비시키는 사역을 시작하셨다. 깨어짐의 사역이었다.

3년 동안 하나님은 바울을 아라비아로 불러내셨고, 후에 다메섹으로 돌아가게 하셨다. 이 기간에 바울이 무엇을 했는지 우리가 다 알 수는 없다. 바울은 예루살렘에서 15일 동안 베드로를 만났다. 또한 바울은 시리아와 길리기아를 여행했다. 바울이 활발한 설교 사역을 시작하기 전까지 약 14년이 걸렸다. 초자연적 사역을 위해 바울이 깨어지고, 정제되고, 연단되고, 준비되는 데 14년이 걸렸다(갈 1:15~2:1).

바울은 이 시기에 대해서 자신은 "오직 예수 그리스도의 계시로" 복음을 받았고, 하나님이 "그의 아들을 이방에 전하기 위하여 그를 내 속에 나타내시기를 기뻐하셨다"(갈 1:12, 15, 16)고 말한다.

바울처럼 통찰력, 깨달음, 영감이 있는 사람은 없었다.

하나님과 함께 고립되어 있던 그 기간, 성경과 체험을 통해 하나님께서 바울에게 그리스도 예수의 진리를 드러내실 수 있었던 그 기간은 그의 인생에서 정말 귀중한 시간이었다.

바울이 선교 여행을 시작했을 때, 그것이 가혹하게 핍박받는 것임을 알았다. 바울은 대적에게 괴롭힘을 받았고, 여러 번 채찍과 매를 맞았다. 감옥에도 자주 갇혔다. 그가 탄배가 난파되기도 했다. 가는 곳마다 그를 반대하는 사람들의 공격을 받았다. 바울은 거절당하는 것, 의심받는 것, 비판받는 것, 조소를 당하는 것, 괴롭힘 받는 것, 고소당하는 것이 어떤 것인지를 잘 알았다.

아마도 바울이 사역하는 동안 겪은 많은 고난과 고통, 어려움을 겪은 사람은 없을 것이다.

이러한 고난은 바울에게 교훈이 되었다. 고난으로 인해 바울은 더 연단되었다. 깨어짐의 시간을 통해 바울이 배운 가장 큰 두 가지 교훈은 '자신의 한계와 하나님의 무한한 은혜'일 것이다. 이것은 우리가 모두 배울 수 있는 가장 가치 있는 교훈이다.

우리의 한계에 대한 교훈

바울은 자신이 쓴 글에서 자신의 힘만으로는 그리스도
인다운 삶을 살 수 없다는 것을 배웠다고 말한다. 로마서 7
장 18-25절을 보자.

내 속 곧 내 육신에 선한 것이 거하지 아니하는 줄을 아노
니 원함은 내게 있으나 선을 행하는 것은 없노라 내가 원
하는 바 선은 행하지 아니하고 도리어 원하지 아니하는
바 악을 행하는도다 만일 내가 원하지 아니하는 그것을
하면 이를 행하는 자는 내가 아니요 내 속에 거하는 죄니
라 그러므로 내가 한 법을 깨달았노니 곧 선을 행하기 원
하는 나에게 악이 함께 있는 것이로다 내 속사람으로는
하나님의 법을 즐거워하되 내 지체 속에서 한 다른 법이
내 마음의 법과 싸워 내 지체 속에 있는 죄의 법으로 나를
사로잡는 것을 보는도다 오호라 나는 곤고한 사람이로다
이 사망의 몸에서 누가 나를 건져내랴 우리 주 예수 그리
스도로 말미암아 하나님께 감사하리로다 그런즉 내 자신
이 마음으로는 하나님의 법을 육신으로는 죄의 법을 섬기
노라.

하나님은 우리가 자신의 힘, 지식, 인격으로는 성공할 수 없다는 것을 깨닫고 우리 자신에 대해 죽기 바라신다.

이 교훈을 배우지 않으면, 우리는 계속해서 우리 자신(우리의 배경과 유산, 우리의 교육과 학위, 우리의 결단력과 야망, 우리의 헌신과 의지력)을 의지할 것이다. 하나님은 우리가 하나님의 도움 없이는 이 세상에서나 천국의 영원한 삶에서 풍성한 삶을 살 수 없다는 것을 가르치기 위해 우리를 깨뜨리신다.

무한한 은혜에 대한 교훈

바울이 고난을 통해 배운 두 번째 큰 교훈은 하나님의 무한한 은혜에 대한 교훈이다.

고린도후서 12장 7-10절에서 바울은 고백한다.

여러 계시를 받은 것이 지극히 크므로 너무 자만하지 않게 하시려고 내 육체에 가시 곧 사탄의 사자를 주셨으니 이는 나를 쳐서 너무 자만하지 않게 하려 하심이라 이것이 내게서 떠나가게 하기 위하여 내가 세 번 주께 간구하였더니 나에게 이르시기를 내 은혜가 네게 족하도다 이는 내 능력이 약한 데서 온전하여짐이라 하신지라 그러므로 도리어 크게 기뻐함으로 나의 여러 약한 것들에 대하여 자랑하리니 이는 그리스도의 능력이 내게 머물게 하려 함이라 그러므로 내가 그리스도를 위하여 약한 것들과 능욕과 궁핍과 박해와 곤고를 기뻐하노니 이는 내가 약한 그 때에 강함이라.

바울은 자신이 가장 약할 때, 그때가 바로 하나님의 능력이 그를 통해 가장 강하게 드러나는 때임을 배웠다.

바울이 가진 육체의 가시가 정확하게 무엇인지는 알 수 없지만, 그 가시가 고통스러웠다는 것은 알 수 있다. 바울이 사용한 '가시'라는 단어는 '찌르는 듯한, 날카로운, 냉혹한 고통'을 의미하기 때문이다. 그 가시가 바울의 육체에 영향을 주었다는 것도 잘 알 수 있다. '육체에' 있는 가시였기 때문이다. 그 가시 때문에 바울이 부족하고 연약하다고 느꼈다는 것을 우리는 알고 있다.

이 육체의 가시는 바울의 인생에서 깨어짐의 도구로 작용해서, 바울은 더는 자신의 삶에서 이 가시를 제거해 달라고 기도하지 않게 되었다. 바울은 가시를 없애 달라는 기도를 세 번이나 했다. 하지만 어떤 외부 조건과 상관없이 하나님의 은혜가 족하다는 것을 깨닫게 되는 축복에 이르게 하는 하나님의 도구로 가시를 받아들였다.

나는 내 육체의 가시라고 말할 수 있는 것을 경험해 본 적은 없다. 하지만 개인적으로 가혹했던 문제는 있다. 내가 무슨 말을 하든, 무슨 일을 하든, 문제는 오히려 더 지속되었다. 모든 이성, 모든 논리, 모든 일반적인 해결책도 소용이 없었다. 문제를 해결해 주시거나 없애 달라고 기도할수록 문제는 더 심각해졌다.

그와 동시에 나는 하나님이 나를 부르신 초자연적 사역과 관련된 모든 것이 풍성해지고 있음을 알 수 있었다. 영혼이 구원을 받고, 사람들이 도움을 받고, 복음을 가지고 들어갈 수 없었던 곳에 복음이 들어가고 있었다. 내 삶에서 겪고 있는 고통으로 하나님은 그분의 일을 하고 계셨다.

내가 내적 고통과 혼란을 겪고 있을 때, 사람들은 종종 내게 이렇게 말했다.

"스탠리 목사님, 정말 훌륭한 설교였습니다. 오늘 아침처럼 감동받은 적이 없었습니다. 하나님은 내 삶에서 변화되어야 할 것을 변화시키려고 목사님을 크게 사용하고 있습니다."

나는 이렇게 고백할 수밖에 없었다.

"하나님, 이것은 하나님의 일입니다. 분명히 나의 일이 아닙니다. 내 삶에서 큰 어려움을 겪는 것이 하나님께서 더 큰 영광을 받으시고, 하나님의 목적이 이루어지는 것을 의미한다면, 이 문제에 대해 감사하겠습니다."

하나님의 무한한 은혜에 대한 이 교훈은 고통과 고난을 겪으면서 우리 자신의 인내와 능력의 절대적인 한계에 도달했을 때에만 배울 수 있는 것이다. 하나님은 우리를 온전하게 하시려고 연단하는 과정에서 우리가 얼마만큼의 '온도, 열(heat)'을 감당할 수 있는지를 정확하게 아신다.

열에 의한 연단

귀한 금속, 특히 은과 금을 제련하는 일은 낮은 온도에서 시작한다. 어떤 불순물은 열에 빨리 반응한다. 그래서 금방 금속의 표면 위로 떠 오르고 곧 제거된다. 그다음에 온도가 더 높아지면 다른 불순물이 가마솥 위로 떠 오르고 제거된다. 가장 잘 녹지 않는 불순물은 극히 높은 온도에서만 금속에서 분리되어 떠 오르고 제거될 것이다.

우리의 삶도 마찬가지다. 우리 삶에서의 깨어짐도 순차적으로 일어난다. 하나님은 우리를 순차적으로 조금씩 깨뜨리신다. 하나님이 우리 삶의 가장 깊은 영역부터 직접 처리하신다면, 우리는 감당할 수 없다. 우리는 너무 압도당해서 우리의 의지가 깨어질 뿐만 아니라, 우리의 영혼까지 부서지게 될 것이다.

우리 안에 가장 깊숙이 들어 있는 것은 가장 강력한 깨어짐에 반응한다. 이렇게 깊이 자리하고 있는, 강하게 굳어진 우리 영혼의 연약함이나 결점은 우리가 진정으로 이렇게 말할 수 있을 때 제거된다.

"하나님의 은혜가 항상 충분하다는 것을 압니다. 나의 본질, 나의 의지, 사역할 수 있는 나의 능력, 나의 생명이라고 여겨지는 것이 제거되었습니다. 나는 하나님으로 충분하다는 것을 압니다. 하나님이 나의 본질, 나의 의지, 나의 사역, 나의 생명이 되시기 때문입니다."

우리에게 하나님의 은혜를 보여 주시는 하나님의 연단하시는 용광로에 대해 당신과 나누고 싶은 놀라운 시가 있다.

그분은 일곱 배나 뜨거운 불 옆에 앉아 계신다

보배로운 금을 지켜보시며

그분은 점점 더 열을 가할수록

점점 더 가까이 허리를 굽혀 응시하신다

그분은 금이 시험을 견딜 수 있음을 아시고

그분은 가장 순결한 금으로

헤아릴 수 없이 귀한 보석으로 장식된 왕관

왕이 쓸 왕관을 만들기 원하신다

그래서 우리가 '안 됩니다'라고 흥분해서 말하는데도

우리의 금을 타는 불 속에 넣으신다

그리고 우리는 보지 못했다고 말한 불순물이

녹아 없어지는 것을 지켜보신다

금은 점점 더, 훨씬 더 밝게 빛나지만

우리의 눈은 눈물로 가득 찬다

우리는 불만 보고 주권자의 손은 보지 않으며

근심스러운 두려움으로 질문한다

그러나 우리의 금은 더 윤택한 빛깔로 빛나고

그 금은 불을 굽어보고

계시는 우리에게는 보이지 않지만

말로 표현할 수 없는 사랑의 표정을 하신

위에 계신 분의 형상을 비춘다

우리를 고통스럽게 하는 순간이

그분 사랑의 마음을 기쁘게 한다고 생각할 수 있을까?

그렇지 않다. 그분은 현재의 십자가를 통해서

영원한 유익의 축복을 보신다

그분은 강하고 확실한 사랑으로

그곳에서 주의 깊은 눈으로 지켜보며 기다리신다

그분의 목적은 금이 순전해지는 데 필요한 것보다

조금이라도 더 뜨거운 열기로 고통스럽게 하시는 것이 아

니다.

– 작자 미상

바울은 자신의 삶에서 하나님의 연단하시는 불이 가장
강하다는 것을 알았다. 그로 인해 바울은 하나님의 무한한
은혜를 이해할 수 있었다.

깨어짐으로 인한 위대한 축복 다섯 가지

우리는 깨어짐을 통해 최소한 다섯 가지의 위대한 축복을 받는다.

하나님을 더 잘 이해하는 축복

우리는 깨어질 때 하나님의 본질을 이해하기 시작한다. 우리는 "하나님, 내 삶 속에서 하나님의 뜻대로 행하십시오"라고 쉽게 말할 수도 있다. 하지만 하나님의 방법은 어떤 것인가? 성경은 이렇게 말한다.

"이는 내 생각이 너희의 생각과 다르며 내 길은 너희의 길과 다름이니라 여호와의 말씀이니라 이는 하늘이 땅보다 높음 같이 내 길은 너희의 길보다 높으며 내 생각은 너희의 생각보다 높음이니라"(사 55:8, 9).

깨어질 때 우리는 하나님의 절대성을 이해한다. 하나님의 명령은 정확하고, 하나님의 약속은 확실하고, 하나님의 방법과 시간표는 그분 자신의 것이며, 하나님의 공급은 완벽하다.

우리는 성경을 조금 더 온전히 이해하게 된다. 우리는

하나님이 인간의 삶에서 어떻게 일하시는지 그 방법을 알게 된다. 우리는 하나님의 사랑을 깊이 이해하게 된다. 우리 자신 안에 있는 무엇인가에 근거하지 않고, 오직 하나님이 우리를 사랑하는 아버시이기 때문에 우리를 용납해 주신다는 것이 무엇인지 그 의미를 조금 더 온전히 이해하게 된다. 우리는 십자가의 목적을 조금 더 온전히 이해하게 된다. 우리는 하나님의 인내와 사랑, 온유와 용서를 더 이해하게 된다. 우리는 하나님의 오래 참으심을 경험적으로 이해하게 된다. 하나님이 우리 삶을 완전하게, 그리고 영원히 주도하고 계심을 점점 더 확실하게 알게 된다.

우리가 예전에 했던 것보다, 깨어짐을 통해 전능하신 하나님, 십자가, 하나님의 은혜를 우리 삶에서 더 높은 단계로 끌어 올린다. 우리는 하나님의 영광과 하나님의 거룩한 본질을 어렴풋이 감지한다. 하나님의 모든 속성을 새로운 깊이로 이해하게 된다.

우리가 하나님에 대해 배울 수 있는 것은 끝이 없다. 축복은 무한하다. 하나님은 그분의 선하심, 광대하심, 영원하심에 있어서 무한하시기 때문이다.

우리 자신을 더 잘 이해하는 축복

하나님에 의해 깨어질 때, 우리는 우리 자신을 훨씬 더 깊이 이해하게 된다. 살아가는 방법, 사고방식, 삶의 성향을 어린 시절부터 성장해 온 과정에 대해 거슬러 올라가며 이해하게 된다. 과거의 어떤 경험이 좋은 쪽으로든 나쁜 쪽으로든 우리에게 어떤 영향을 미쳤는지를 새롭게 이해하게 된다. 자기 감정의 결점을 보게 되고, 다른 사람에게 사랑을 주고 다른 사람의 사랑을 받는 일에 있어서 우리가 가진 약점이 무엇인지 깨닫는다. 우리의 의존상태를 알게 되고, 자신의 한계와 약점에 직면한다. 두려움이 얼마나 우리를 억압하고 우리에 대한 하나님의 목적을 방해했는지를 알게 된다.

또한 하나님이 주신 재능, 은사, 능력을 이해하게 된다. 하나님이 우리를 강하게 하시고, 우리를 준비시키고, 우리를 만드시는 방법을 보게 된다. 깨어짐의 시간을 통해 하나님이 온유와 자비로 우리를 어떻게 다루시는지를 알게 된다.

깨어짐의 시간 동안 확실하게 깨닫는 것 중 하나는 바로 우리가 죄인이라는 사실이다.

깨어짐에는 항상 죄가 포함된다. 교만의 죄, 불순종의 죄, 하나님이 우리에게서 제거하기 원하시는 모든 죄악 된 행동이 포함된다. 우리는 깨어질 때 그리스도를 우리의 구주로 인정하고 구원받았음에도 불구하고, 여전히 죄지을 가능성이 있음을 깨닫는다. 그리고 우리 마음은 슬퍼진다.

깨어짐의 과정은 우리가 새로워지고 있다는 것, 계속해서 깨끗해지고, 강해지고, 하나님에 의해 연단되고 있음을 보여 준다. 죄는 순차적으로 우리의 삶에서 제거되고 있다.

어떤 사람들은 그리스도를 구주로 인정할 때, 죄를 지은 과거뿐만 아니라 미래에 지을 수 있는 죄에서 완전히 자유롭게 되었다고 믿는다. 우리의 구원은 죄의 본질(sin nature)을 다룬다. 구원으로 인해 하나님과 '용서받은' 관계가 된다. 그러나 여전히 우리는 죄지을 가능성이 있다는 것을 이해하지 못한다면, 시간이 흐를수록 자신의 모습에 대해 매우 혼란스럽고, 좌절하고, 실망하게 된다. 어쨌든 우리는 죄를 범한다. 그때는 '나는 구원받지 않았어'라거나 '구원받아도 소용이 없어'라고 생각할 것이 아니다. 오히려 죄로 인해 우리 안에 있는 그런 성향, 그런 성격, 그런 습관을 없애 달라고 기도하면서 하나님께 더 가까이 나아가야 한다.

우리가 구원받을 때, 우리에 대한 죄의 권세는 깨어진다. 로마서 6장 14절은 "죄가 너희를 주장하지 못하리니"라고 선포한다. 우리는 적의 손아귀에서 자유롭게 되었다. 우리의 주인은 이제 하나님이다. 바울은 말한다. "죄로부터 해방되어 의에게 종이 되었느니라"(롬 6:18). 이 말씀은 하나님과 올바른 관계 안에서 산다는 것이 무엇인지, 성령의 능력으로 하나님이 우리에게 명하신 선한 일을 하는 것이 무엇인지를 계속해서 구한다는 뜻이다. 우리가 불순종하고 있음을 깨달을 때마다, 가장 먼저 즉시 해야 할 행동은 "하나님, 도와주십시오. 이 문제를 제거해 주십시오. 나는 하나님께 복종합니다"라는 것이다.

하나님이 우리를 깨뜨릴 때, 우리는 이러한 부분을 이해하게 된다. 이 위대한 축복은 우리에게 놀라운 자유를 준다. 죄로 인해 황폐해지고 파괴되는 것에서의 자유다.

우리는 죄에서 벗어난다. 우리에게는 죄의식에서 해방되고 즉시 용서받을 방법이 있다.

우리는 유혹이라는 공격에 힘들게 대적하는, 죄에 대해

'혼자서 감당해야 한다'는 책임감에서 벗어난다. 하나님이 우리와 함께하셔서 사탄과 그의 유혹에 저항할 수 있도록 우리를 강하게 하신다.

우리는 자신이 옳은지 그른지에 대해 계속 혼란스러워하는 상태에서 벗어난다. 우리가 잘못하는 일을 재빨리, 분명하게 깨닫게 하시려고 성령님이 우리 영혼을 재촉하신다.

우리가 여전히 죄지을 가능성이 있음에도 불구하고, 예수 그리스도 때문에 죄를 고발하고, 죄를 용서받고, 죄에 대해 승리할 수 있다는 것을 깨닫는 것은 얼마나 놀라운 축복인가.

자유와 함께 평화, 즉 내적 평안, 인생의 근원적인 싸움이 끝났다는 느낌을 받게 된다. 우리는 하나님의 손안에서 안전하다. 평화를 찾으려고 약에 의지하거나 술을 마실 필요가 없다. 우리가 진실로 깨어지고 우리 삶을 하나님께 전적으로 복종시킨다면, 모든 지각에 뛰어난, 말로 설명할 수 없는 평화가 우리 영혼에 흘러넘친다(빌 4:7).

다른 사람을 긍휼히 여기는 축복

깨어짐을 통해 하나님과 우리 자신의 본질을 깊이 이해하게 되면서, 다른 사람들을 다르게 바라보기 시작한다. 다른 사람들이 우리보다 더 나쁘지도, 더 낫지도 않다는 것을 알게 된다.

본질적으로 우리는 모두 죄인이다. 우리에게는 모두 하나님의 은혜와 우리 삶에 역사하시는 성령님의 깨끗하게 하시는 능력이 필요하다. 우리는 모두 어떤 식으로든 변화되어야 하고, 성장해야 하고 발전해야 한다. 우리 중에 결점과 연약함이 없는 사람은 아무도 없다.

깨어짐을 통해 우리는 이렇게 말할 수 있게 된다.

"하나님은 나에게 오래 참으셨습니다. 나도 그에 대해 오래 참을 수 있습니다."

"하나님은 나에게 친절과 자비를 보여 주셨습니다. 나도 그에게 친절과 자비를 베풀 수 있습니다."

"하나님은 나를 용서해 주셨습니다. 나도 상처 준 이 사람을 용서할 수 있습니다."

깨어짐으로 인해 우리는 덜 비판하고, 덜 판단하게 된다. 또 다른 사람들에게 하나님의 사랑을 전하는 통로가 될 수 있는 새로운 방법을 알게 된다.

인생에서 우리가 알 수 있는 가장 놀라운 축복 중 하나는, 다른 누군가가 하나님께 나아가고 하나님 안에서 성장하도록 돕는 것이다.

삶에 대한 큰 열정이라는 축복

자신의 한계에 도달하고 하나님의 무한하고 조건 없는 사랑 앞에 서 있을 때, 우리는 우리에게 주신 하나님의 모든 선물을 잘 이해하게 된다. 우리에게 베풀어주신 하나님의 선하심에 대한 감사와 깨달음으로 우리의 마음은 새로워진다.

그리고 찬양은 새로운 의미를 갖는다. 우리의 찬양은 새 생명을 입는다. 삶에 대한 흥미를 다시 갖게 된다. 우리 자신을 더 자유롭고 창조적으로 표현할 수 있다. 다른 사람들과 의사소통을 하고, 감정적으로 예민해지는 일에도 여유를 갖게 된다. 우리 영혼의 완고한 부분이 깨어져서, 신나게 웃고 마음 편히 우는 일이 조금 더 쉬워진다. 선하고 깨끗하고 순수한 즐거움을 누릴 수 있는 새로운 능력을 갖게 된다.

하나님의 임재를 깨닫게 되는 축복

하나님은 항상 우리와 함께하신다. 하지만 깨어짐으로 인해 우리는 하나님의 임재에 더 민감해진다.

나는 살아오면서 '하나님이 나를 버리신 것이 틀림없어'라고 생각했다가 곧 '아니, 하나님은 이곳에 계셔'라고 깨달은 적이 많다. 우리가 깨어지면서 하나님의 임재를 기대하지 않을 때, 하나님이 임재하시는 경우가 종종 있다. 하나님은 우리를 위로하시고, 절대 우리를 떠나지 않으시고, 우리를 버리지 않으실 것이라는 확신을 주신다.

하나님은 우리에 대한 하나님의 위대한 사랑을 말씀하실 때, 정말 우리 영혼에 친밀하게 말씀해 주신다. 하나님이 우리를 얼마나 귀하게 여기시는지, 우리의 유익을 얼마나 원하시는지를 말씀해 주신다. 하나님이 우리와 함께하시고, 우리 안에서, 우리를 통해 일하고 계심을 우리에게 확신시켜 주신다.

우리와 함께하시는 하나님의 임재를 분명히 느낄 때 우리는 안전하다. 더 확실한 안전은 없다. 하나님은 우리의 모든 만족, 우리의 완전한 공급, 우리의 궁극적인 보호로 그분 자신을 드러내신다. 그로 인해 우리는 두려움, 압력,

걱정에서 벗어난다. 상황과는 관계없이 말로 표현할 수 없는 영원한 평화, 우리 마음에 흘러넘치는 말할 수 없는 기쁨을 주신다.

감당할 만한 가치가 있다

하나님은 인내하신다. 하나님은 우리 깨어짐의 끝을 보고 계시며, 주님이 우리를 위해 준비하신 축복은 기다릴 만한 가치가 있음을 알고 계신다. 우리가 우리 삶에 대한 하나님의 목적에 복종할 때, 깨어짐으로 인한 축복을 경험하기 시작할 때, 우리도 이렇게 말할 수 있다.

"이 시련으로 인해 감사합니다. 이 시련을 끝나게 해주신 하나님을 찬양합니다. 이런 방법으로 나를 정결하게 하실 만큼 나를 사랑하신 하나님을 찬양합니다. 세상 어떤 것과도 이 경험의 축복과 바꾸지 않겠습니다."

예수님이 십자가 사건을 돌아보면서 "그 일이 정말 일어나지 않았으면 했는데"라고 말씀하셨을 것으로 생각하는가? 결코 아니다. 예수님은 십자가 사건의 목적과 축복을 온전히 알고 있었다. 또한 부활의 영광스러운 축복도 알고 있었다.

　우리도 마찬가지다. 축복의 관점에서 우리의 깨어짐을 돌아볼 때, 하나님이 우리를 깨뜨린 것에 감사하고, 우리가 겪은 모든 고통에 감사한다.

고통으로 정결하게 하는 사역

　수년 전 어느 날, 기도하고 있을 때 "고통으로 정결하게 하는 사역"이라는 구절이 마음에 계속 떠올랐다. 나는 이 구절이 무슨 뜻인지 이해하지 못했지만, 하나님이 마음에 심으셨고 그 구절이 중요하다는 것을 알았다. 약 2주일 후에 어머니가 발작하셨고, 그 후 석 달 동안 어머니가 죽어가는 것을 지켜보았다. 나는 이것이 하나님이 미리 말씀하신 고통이라고 생각했다. 어머니를 잃는 것은 너무나 고통스러운 일이지만, 어머니가 고통을 겪는 내내, 하나님은 어머니 안에서, 그리고 내 안에서 정결하게 하는 사역을 하신다는 확신을 주셨다. 정결하게 하는 과정이 우리 삶에서 진행되고 있었다.

　어머니가 돌아가셨을 때 고통이 언제 끝날 지 나는 전혀 알 수 없었다. 내 인생 최근 4년의 특징이 마치 고통인 것처럼, 한 가지 상황 이후에 또 다른 상황이 이어졌다. 그러나 그 시간을 돌아볼 때, 나는 진심으로 말할 수 있다. "하나님이 수많은 방법으로 나를 정결하게 하셨음을 알고 있습니다." 하나님은 나에 대한 몇 가지를 보여 주셨고, 내가 4년 전보다 더 강해지고, 현명해지고, 더 나은 사람이 될 수 있도록 여러 가지를 가르쳐 주셨다. 하나님은 상황을 선한 것으로 바꾸어 주셨다.

하나님이 나를 어떻게 부드럽게 하셨는지, 내 생각을 어떻게 바꾸셨는지, 고통 중에 있는 사람들에게 연민을 베풀도록 어떻게 나를 만지셨는지를 알 수 있다. 나는 어떤 것과도 이 변화를 바꾸지 않을 것이다. 다른 사람들의 눈에는 충격적으로 보일 수 있는 것도 나에게는 하나님의 섭리로 보인다. 우리 삶에 일어나는 고통스러운 경험을 저주로 분류해서는 안 된다. 그 경험은 축복을 향한 수단이 될 수 있는 잠재력이 있고, 우리에게는 그렇게 생각할 수 있는 현명함이 있어야 한다.

그렇다고 해서 일어나는 모든 일을 이해한다는 뜻은 아니다. 어떤 일은 영원히 온전히 이해할 수 없을 것이다. 그렇다고 해서 덜 상처받는다는 뜻도 아니다. 그러나 하나님이 일하고 계신다는 관점에서 보면, 분노, 비통함, 적대감을 느끼지 않게 된다. 나는 이렇게 생각한다.

'나는 하나님과 더 친밀한 관계를 맺음으로 이 고통에서 벗어날 것이다. 이로 인해 나는 성장할 것이다. 나는 고통스러워하는 것이 아니라 더 나아지기로 선택한다.'

우리는 상처를 품고서는 절대 승리할 수 없다. 다른 사람이 준 상처를 기꺼이 놓아버릴 때, 우리는 변화되고, 성장하고, 하나님이 원하는 모습의 사람이 될 수 있는 위치에 있게 된다.

축복을 위한 조건

깨어짐을 통해 하나님이 우리에게 주시는 축복에는 한 가지 조건이 있다. 그것은 우리가 하나님께 복종해야 한다는 것이다.

우리 자신을 하나님께 드릴 때, 하나님은 우리를 깨어짐 후에 얻게 되는 완전한 승리로 인도하신다. 그 승리가 실현되거나 우리가 승리를 깨닫기까지는 몇 달, 혹은 몇 년이 걸릴 수도 있지만 승리는 확실하다.

우리가 거역하거나 머뭇거리면서 하나님께 순종하지 않는다면, 하나님의 축복을 크게 삭감해 버리는 것이다. 하나님은 정말 우리를 축복하기 원하신다. 하지만 우리는 우리 삶에 하나님이 부어 주시는 것과 우리 사이에 불신앙과 불순종의 장벽을 놓았다. 하나님의 축복은 궁극적으로 하나님이 우리 안에, 우리와 함께하시고, 우리가 하나님 안에 있다는 사실에 모두 들어 있다. 우리 삶의 어떤 영역에서 하나님께 순종하지 않을 때, 우리는 그 영역에서 하나님을 제외해 버린다. 하나님이 간섭하지 않도록 벽을 쌓아 올린다. 그 과정에서 우리를 변화시키고, 우리를 통해 일하실 수 있는 하나님의 능력을 소홀히 여긴다. 우리는 하나님을 잘 알지 못하고, 우리 자신을 잘 알지 못하고, 다른 사람에 대한 연민이 부족하고, 삶에 대한 열정이 부족하고, 하나님과의 친밀함이 부족하다.

하나님은 우리 안에서 계속 일하신다

바울 사도는 빌립보 교회에 이렇게 썼다.

"너희 안에서 착한 일을 시작하신 이가 그리스도 예수의 날까지 이루실 줄을 우리는 확신하노라"(빌 1:6).

하나님은 우리를 포기하지 않으신다. 하나님은 우리가 그리스도 예수 안에서 완전해질 때까지, 우리에게 깨어짐의 경험을 하나씩 계속해서 주시면서 우리 안에서 계속 일하실 것이다.

당신이 죽기 전에 온전해지는 일은 어려울 것이다. 이 세상에서, 타락한 세상에서 육체로 살아가면서 천국에서 하늘 아버지와 함께하기 전까지는 온전함을 알 수 있는 사람은 아무도 없다. 좋은 소식은 우리가 성장할 수 있는 새로운 방법을 하나님이 가지고 계신다는 것이다. 하나님은 항상 우리의 삶에서 일하고 계신다.

우리는 어떤 식으로든 깨어져야 할 필요성 그 이상으로는 성장하지 못한다. 그 점에 대해 하나님을 찬양하라. 하나님은 우리를 너무나 사랑하셔서 절대 우리를 포기하지 않으시고, 절대 우리에 대한 관심을 잃지 않으시고, 절대 우리를 거절하지 않으신다. 하나님의 소원은 영원히 우리와 영적 친밀함 가운데 거하시는 것이다.

하나님은 오직 하나님을 우리의 하나님으로 신뢰하기

를, 그래서 우리가 하나님의 백성이 되고 하나님께 영광
돌리기를 바라신다.

당신을 위한 기도

하나님 아버지, 우리를 하나님께로 더 가까이 이끄시는 하나님의 방법은 얼마나 부드럽고, 얼마나 친절하고, 얼마나 은혜롭고, 얼마나 선하고, 얼마나 광대한지요. 우리에 대한 하나님의 사랑과 관심을 온전히 경험하는 삶으로 인도하소서.

우리에 대한 하나님의 목적이 이루어지도록, 하나님이 우리 안에서 우리를 통해 계속 일하시기를 기도합니다.

목적과 방향 없이, 방황하고 발버둥치는 잃어버린 영혼들을 위해서 기도합니다. 그들이 예수 그리스도께 돌아와서 구주로 인정하고 주님을 신뢰하기를 소망합니다. 그들이 경건한 삶을 살 수 있도록 성령께서 인도하시고, 새롭게 하시고, 능력을 주소서.

하나님 아버지, 하나님과의 영적 친밀함과 날마다 삶과

사역 속에서 좀 더 효율적이기를 사모하고, 갈급해하고, 갈망하는 사람들을 위해 기도합니다.

하나님, 그들 영혼의 부르짖음에 응답해 주시고, 언제 어떻게 그들을 깨뜨릴지 하나님의 방법으로 역시하소서. 그들을 온전하게 하시고, 영적으로 성숙하게 하셔서 초자연적 사역을 위해 하나님께 쓰임 받게 하소서.

하나님 아버지, 우리를 가르쳐 주소서. 우리가 어떻게 변화되고, 성장하고, 발전하기를 원하시는지 보여 주소서. 우리에 대한 하나님의 목적에 반하는 것을 버릴 수 있도록, 하나님이 우리에게 원하시는 모습과 행동을 품을 수 있도록 도와주소서.

하나님을 더욱더 원합니다. 하나님을 더 알고, 하나님과 더 깊은 관계를 맺고, 우리 삶에서 언제나 하나님의 임재를 느끼기 원합니다.

사랑하는 하나님 아버지, 우리를 깨뜨려서 하나님의 형상대로 하나님을 닮도록 우리를 빚어주소서. 하나님이 우리의 유익을 위해, 그리고 하나님의 영원한 영광을 위해 오늘도 우리 안에서 일하시는 것을 믿습니다. 예수님의 이름으로 기도합니다. 아멘.

깨어짐의 은혜

첫판 1쇄 펴낸날 2009년 4월 25일
첫판 4쇄 펴낸날 2019년 10월 15일

지은이 찰스 스탠리
옮긴이 오수현
편집·발행인 김은옥
펴낸곳 올리브북스
본문편집디자인 제이엘

주소 인천시 부평구 부평대로 153
전화 02-393-2427
이메일 olivebooks@naver.com
블로그 blog.naver.com/olivebooks

출판등록 제387-2007-00012호(2007년 5월 21일)

ISBN 978-89-958775-9-3 03230

세상은 행동하는 사람에 의해 움직입니다. 소중한 경험, 따뜻한 시선을 가진 원고, 참신한
기획의 소재가 있으신 분은 올리브북스와 의논해 주십시오. 그 원고가 세상의 소금과 빛
이 될 수 있도록, 최고의 책으로 빛날 수 있도록 정성을 다하겠습니다.

총판 기독교출판유통 | 031-906-9191(전화), 0505-365-9191(팩스)

세상의 울림, 영혼을 풍요롭게 하는

올리브 북스
Olive Books